El abanico de Lady Windermere
Lady Windermere's Fan

Oscar Wilde

El abanico de Lady Windermere
Una obra de teatro
sobre una buena mujer

Lady Windermere's Fan
A play about a good woman

Texto paralelo bilingüe
Bilingual edition

Ingles - Español
English - Spanish

texto en español, traducido del inglés por Guillermo Tirelli

ROSETTA EDU

Título original: *Lady Windermere's Fan*

Primera publicación: 1892

Ilustración de tapa: «Dama con abanico», Gustav Klimt, 1917.

© 2025, Guillermo Tirelli, por la traducción al español.
All rights reserved
Quedan prohibidos, dentro de los límites establecidos en la ley y bajo los apercibimientos legalmente provistos, la reproducción total o parcial de esta obra por cualquier medio o procedimiento, ya sea electrónico o mecánico, el tratamiento informático, el alquiler o cualquier otra forma de cesión de la obra sin la autorización previa y por escrito de los titulares del *copyright*.

Primera edición: Abril 2025

Publicado por Rosetta Edu
Londres, Abril 2025
www.rosettaedu.com

ISBN: 978-1-83647-111-0

Rosetta Edu
Ediciones bilingües

Páginas enfrentadas
Páginas enfrentadas de la traducción y texto original en libros impresos.

Párrafos alineados en libros impresos
En libros impresos, los párrafos alineados entre los dos idiomas facilitan la comparación y la comprensión, ahorrando la necesidad de referirse constantemente al diccionario.

Párrafos enlazados en libros electrónicos
En libros electrónicos la comparación y la comprensión son facilitadas por citas al pie colocadas al principio de cada párrafo enlazando el texto en el idioma original y su traducción.

Integridad y fidelidad
Traducciones íntegras, fieles y no abreviadas del texto original.

Cuidado del vocabulario
Traducciones especiales para ediciones bilingües, con especial cuidado por la hegemonía de vocabulario utilizando glosarios en el proceso de traducción.

Contexto educativo
Ediciones enfocadas a estudiantes intermedios y avanzados del idioma original del texto en libros coleccionables y aptos para el contexto educativo.

TO
THE DEAR MEMORY
OF
ROBERT EARL OF LYTTON
IN AFFECTION
AND
ADMIRATION

A
LA QUERIDA MEMORIA
DE
ROBERT, CONDE DE LYTTON
CON AFECTO
Y
ADMIRACIÓN

THE PERSONS OF THE PLAY

Lord Windermere
Lord Darlington
Lord Augustus Lorton
Mr. Dumby
Mr. Cecil Graham
Mr. Hopper
Parker, Butler
Lady Windermere
The Duchess of Berwick
Lady Agatha Carlisle
Lady Plymdale
Lady Stutfield
Lady Jedburgh
Mrs. Cowper-Cowper
Mrs. Erlynne
Rosalie, Maid

PERSONAJES DE LA OBRA

Lord Windermere
Lord Darlington
Lord Augustus Lorton
Mr. Dumby
Mr. Cecil Graham
Mr. Hopper
Parker, mayordomo
Lady Windermere
La Duquesa de Berwick
Lady Agatha Carlisle
Lady Plymdale
Lady Stutfield
Lady Jedburgh
Mrs. Cowper-Cowper
Mrs. Erlynne
Rosalie, criada

THE SCENES OF THE PLAY

ACT I: Morning-room in Lord Windermere's house.

ACT II: Drawing-room in Lord Windermere's house.

ACT III: Lord Darlington's rooms.

ACT IV: Same as Act I.

Time: The Present.

Place: London.

The action of the play takes place within twenty-four hours, beginning on a Tuesday afternoon at five o'clock, and ending the next day at 1.30 p.m.

LAS ESCENAS DE LA OBRA

ACTO I: Salón matinal en casa de Lord Windermere.

ACTO II: Salón de la casa de Lord Windermere.

ACTO III: Las habitaciones de Lord Darlington.

ACTO IV: Igual que el acto I.

Tiempo: El presente.

Lugar: Londres.

La acción de la obra se desarrolla en veinticuatro horas, comenzando un martes a las cinco de la tarde y terminando al día siguiente a la *una y media de la tarde.*

FIRST ACT

SCENE

Morning-room of Lord Windermere's house in Carlton House Terrace. Doors C. and R. Bureau with books and papers R. Sofa with small tea-table L. Window opening on to terrace L. Table R.

[**LADY WINDERMERE** *is at table R., arranging roses in a blue bowl.*]

[*Enter* **PARKER.**]

PARKER. Is your ladyship at home this afternoon?

LADY WINDERMERE. Yes—who has called?

PARKER. Lord Darlington, my lady.

LADY WINDERMERE. [*Hesitates for a moment.*] Show him up—and I'm at home to any one who calls.

PARKER. Yes, my lady.

[*Exit C.*]

LADY WINDERMERE. It's best for me to see him before to-night. I'm glad he's come.

[*Enter* **PARKER** *C.*]

PARKER. Lord Darlington.

[*Enter* **LORD DARLINGTON** *C.*]

[*Exit* **PARKER.**]

LORD DARLINGTON. How do you do, Lady Windermere?

PRIMER ACTO

ESCENA

Salón matinal de la casa de Lord Windermere en Carlton House Terrace. Puertas en el centro y a la derecha. Mesa con libros y papeles a la derecha. Sofá con pequeña mesa de té a la izquierda. Ventana que da a la terraza a la izquierda. Mesa a la derecha.

[Lady Windermere *está junto a la mesa a la derecha, arreglando rosas en un cuenco azul*].

[*Entra* Parker].

Parker. ¿Está su señoría en casa esta tarde?

Lady Windermere. Sí... ¿quién es la visita?

Parker. Lord Darlington, milady.

Lady Windermere. [*Vacila un momento*]. Hágale pasar... y estoy a disposición de cualquiera que visite.

Parker. Sí, milady.

[*Sale por la puerta central*].

Lady Windermere. Es mejor que le vea antes de esta noche. Me alegro de que haya venido.

[*Entra* Parker *por la puerta central*].

Parker. Lord Darlington.

[*Entra* Lord Darlington *por la puerta central*].

[*Sale* Parker].

Lord Darlington. ¿Cómo está usted, Lady Windermere?

Lady Windermere. How do you do, Lord Darlington? No, I can't shake hands with you. My hands are all wet with these roses. Aren't they lovely? They came up from Selby this morning.

Lord Darlington. They are quite perfect. [*Sees a fan lying on the table.*] And what a wonderful fan! May I look at it?

Lady Windermere. Do. Pretty, isn't it! It's got my name on it, and everything. I have only just seen it myself. It's my husband's birthday present to me. You know to-day is my birthday?

Lord Darlington. No? Is it really?

Lady Windermere. Yes, I'm of age to-day. Quite an important day in my life, isn't it? That is why I am giving this party to-night. Do sit down. [*Still arranging flowers.*]

Lord Darlington. [*Sitting down.*] I wish I had known it was your birthday, Lady Windermere. I would have covered the whole street in front of your house with flowers for you to walk on. They are made for you.

[*A short pause.*]

Lady Windermere. Lord Darlington, you annoyed me last night at the Foreign Office. I am afraid you are going to annoy me again.

Lord Darlington. I, Lady Windermere?

[*Enter* Parker *and* Footman *C., with tray and tea things.*]

Lady Windermere. Put it there, Parker. That will do. [*Wipes her hands with her pocket-handkerchief, goes to tea-table, and sits down.*] Won't you come over, Lord Darlington?

[*Exit* Parker *C.*]

Lord Darlington. [*Takes chair and goes across L.C.*] I am quite miserable,

Lady Windermere. ¿Cómo está usted, Lord Darlington? No, no puedo darle la mano. Tengo las manos mojadas con estas rosas. ¿No son preciosas? Llegaron de Selby esta mañana.

Lord Darlington. Son casi perfectas. [*Ve un abanico sobre la mesa*]. ¡Y qué abanico tan maravilloso! ¿Puedo mirarlo?

Lady Windermere. Hágalo. Bonito, ¿verdad? Lleva mi nombre y todo. Yo acabo de verlo. Es el regalo de cumpleaños que me ha hecho mi marido. ¿Sabe que hoy es mi cumpleaños?

Lord Darlington. ¿No? ¿De verdad?

Lady Windermere. Sí, hoy soy mayor de edad. Un día muy importante en mi vida, ¿verdad? Por eso doy esta fiesta esta noche. Siéntese. [*Todavía arreglando las flores*].

Lord Darlington. [*Sentándose*]. Ojalá hubiera sabido que era su cumpleaños, Lady Windermere. Habría cubierto toda la calle delante de su casa con flores para que caminara sobre ellas. Están hechas para usted.

[*Una breve pausa*].

Lady Windermere. Lord Darlington, me resultó molesto anoche en el Ministerio de Asuntos Exteriores. Me temo que va a resultarme molesto de nuevo.

Lord Darlington. ¿Yo, Lady Windermere?

[*Entran* Parker *y* el lacayo *por la puerta central, con una bandeja y cosas para el té*].

Lady Windermere. Déjela ahí, Parker. Así estará bien. [*Se limpia las manos con su pañuelo de bolsillo, va a la mesa del té y se sienta*]. ¿No quiere venir, Lord Darlington?

[*Sale* Parker *por la puerta central*].

Lord Darlington. [*Coge una silla y cruza de la izquierda al centro*]. Me siento

Lady Windermere. You must tell me what I did. [*Sits down at table L.*]

LADY WINDERMERE. Well, you kept paying me elaborate compliments the whole evening.

LORD DARLINGTON. [*Smiling.*] Ah, nowadays we are all of us so hard up, that the only pleasant things to pay *are* compliments. They're the only things we *can* pay.

LADY WINDERMERE. [*Shaking her head.*] No, I am talking very seriously. You mustn't laugh, I am quite serious. I don't like compliments, and I don't see why a man should think he is pleasing a woman enormously when he says to her a whole heap of things that he doesn't mean.

LORD DARLINGTON. Ah, but I did mean them. [*Takes tea which she offers him.*]

LADY WINDERMERE. [*Gravely.*] I hope not. I should be sorry to have to quarrel with you, Lord Darlington. I like you very much, you know that. But I shouldn't like you at all if I thought you were what most other men are. Believe me, you are better than most other men, and I sometimes think you pretend to be worse.

LORD DARLINGTON. We all have our little vanities, Lady Windermere.

LADY WINDERMERE. Why do you make that your special one? [*Still seated at table L.*]

LORD DARLINGTON. [*Still seated L.C.*] Oh, nowadays so many conceited people go about Society pretending to be good, that I think it shows rather a sweet and modest disposition to pretend to be bad. Besides, there is this to be said. If you pretend to be good, the world takes you very seriously. If you pretend to be bad, it doesn't. Such is the astounding stupidity of optimism.

LADY WINDERMERE. Don't you *want* the world to take you seriously then, Lord Darlington?

muy mal, Lady Windermere. Debe decirme lo que he hecho. [*Se sienta a la mesa, a la izquierda*].

Lady Windermere. No dejó de hacerme cumplidos elaborados durante toda la velada.

Lord Darlington. [*Sonriendo*]. Ah, hoy en día estamos todos tan mal, que las únicas cosas agradables para hacer *son* los cumplidos. Es la únicas cosa que *podemos* hacer.

Lady Windermere. [*Sacudiendo la cabeza*]. No, estoy hablando muy en serio. No debe reírse, hablo muy en serio. No me gustan los cumplidos, y no veo por qué un hombre debe pensar que está complaciendo enormemente a una mujer cuando le dice un montón de cosas que no quiere decir.

Lord Darlington. Ah, pero lo digo en serio. [*Toma el té que ella le ofrece*].

Lady Windermere. [*Seriamente*]. Espero que no. Lamentaría tener que pelearme con usted, Lord Darlington. Me cae usted muy bien, ya lo sabe. Pero no me gustaría usted en absoluto si yo pensara que es como la mayoría de los demás hombres. Créame, usted es mejor que la mayoría de los demás hombres, y a veces pienso que pretende ser peor.

Lord Darlington. Todos tenemos nuestras pequeñas vanidades, Lady Windermere.

Lady Windermere. ¿Por qué esa en particular? [*Sigue sentada en la mesa a la izquierda*].

Lord Darlington. [*Todavía sentado a la izquierda, en el centro*]. Oh, hoy en día tanta gente engreída va por la sociedad fingiendo ser buena, que creo que muestra más bien una disposición dulce y modesta el fingir ser malo. Además, hay que decir esto. Si uno finge ser bueno, el mundo lo toma a uno muy en serio. Si uno finge ser malo, no lo hace. Tal es la asombrosa estupidez del optimismo.

Lady Windermere. ¿No *quiere* entonces que el mundo le tome en serio, Lord Darlington?

Lord Darlington. No, not the world. Who are the people the world takes seriously? All the dull people one can think of, from the Bishops down to the bores. I should like *you* to take me very seriously, Lady Windermere, *you* more than any one else in life.

Lady Windermere. Why—why me?

Lord Darlington. [*After a slight hesitation.*] Because I think we might be great friends. Let us be great friends. You may want a friend some day.

Lady Windermere. Why do you say that?

Lord Darlington. Oh!—we all want friends at times.

Lady Windermere. I think we're very good friends already, Lord Darlington. We can always remain so as long as you don't—

Lord Darlington. Don't what?

Lady Windermere. Don't spoil it by saying extravagant silly things to me. You think I am a Puritan, I suppose? Well, I have something of the Puritan in me. I was brought up like that. I am glad of it. My mother died when I was a mere child. I lived always with Lady Julia, my father's elder sister, you know. She was stern to me, but she taught me what the world is forgetting, the difference that there is between what is right and what is wrong. *She* allowed of no compromise. *I* allow of none.

Lord Darlington. My dear Lady Windermere!

Lady Windermere. [*Leaning back on the sofa.*] You look on me as being behind the age.—Well, I am! I should be sorry to be on the same level as an age like this.

Lord Darlington. You think the age very bad?

Lady Windermere. Yes. Nowadays people seem to look on life as a speculation. It is not a speculation. It is a sacrament. Its ideal is

LORD DARLINGTON. No, el mundo no. ¿Quiénes son las personas que el mundo toma en serio? Toda la gente aburrida en la que uno pueda pensar, desde los obispos hasta los aburridos. Me gustaría que *usted* me tomara muy en serio, Lady Windermere, *usted* más que nadie en la vida.

LADY WINDERMERE. ¿Por qué... por qué yo?

LORD DARLINGTON. [*Tras una ligera vacilación*]. Porque creo que podríamos ser grandes amigos. Seamos grandes amigos. Puede que algún día usted quiera un amigo.

LADY WINDERMERE. ¿Por qué lo dice?

LORD DARLINGTON. ¡Oh!... Todos queremos amigos a veces.

LADY WINDERMERE. Creo que ya somos muy buenos amigos, Lord Darlington. Siempre podremos seguir siéndolo mientras usted no...

LORD DARLINGTON. ¿No qué?

LADY WINDERMERE. No lo estropee diciéndome tonterías extravagantes. ¿Cree que soy una puritana, supongo? Bueno, tengo algo de puritana en mí. Me educaron así. Me alegro de ello. Mi madre murió cuando yo era apenas una niña. Viví siempre con Lady Julia, la hermana mayor de mi padre, ya sabe. Era severa conmigo, pero me enseñó lo que el mundo olvida, la diferencia que hay entre lo que está bien y lo que está mal. *Ella* no permitía ninguna concesión. *Yo* no permito ninguna.

LORD DARLINGTON. ¡Mi querida Lady Windermere!

LADY WINDERMERE. [*Recostándose en el sofá*]. Usted me considera atrasada para la época... ¡Pues lo soy! Lamentaría estar al mismo nivel que una época como ésta.

LORD DARLINGTON. ¿Cree que la época es muy mala?

LADY WINDERMERE. Sí. Hoy en día la gente parece considerar la vida como una especulación. No es una especulación. Es un sacramento. Su

Love. Its purification is sacrifice.

LORD DARLINGTON. [*Smiling.*] Oh, anything is better than being sacrificed!

LADY WINDERMERE. [*Leaning forward.*] Don't say that.

LORD DARLINGTON. I do say it. I feel it—I know it.

[*Enter* **PARKER** *C.*]

PARKER. The men want to know if they are to put the carpets on the terrace for to-night, my lady?

LADY WINDERMERE. You don't think it will rain, Lord Darlington, do you?

LORD DARLINGTON. I won't hear of its raining on your birthday!

LADY WINDERMERE. Tell them to do it at once, Parker.

[*Exit* **PARKER** *C.*]

LORD DARLINGTON. [*Still seated.*] Do you think then—of course I am only putting an imaginary instance—do you think that in the case of a young married couple, say about two years married, if the husband suddenly becomes the intimate friend of a woman of—well, more than doubtful character—is always calling upon her, lunching with her, and probably paying her bills—do you think that the wife should not console herself?

LADY WINDERMERE. [*Frowning.*] Console herself?

LORD DARLINGTON. Yes, I think she should—I think she has the right.

LADY WINDERMERE. Because the husband is vile—should the wife be vile also?

LORD DARLINGTON. Vileness is a terrible word, Lady Windermere.

LADY WINDERMERE. It is a terrible thing, Lord Darlington.

ideal es el Amor. Su purificación es el sacrificio.

Lord Darlington. [*Sonriendo*]. ¡Oh, cualquier cosa es mejor que ser sacrificado!

Lady Windermere. [*Inclinándose hacia delante*]. No diga eso.

Lord Darlington. Lo digo. Lo siento, lo sé.

[*Entra* **Parker** *por el centro*].

Parker. ¿Los empleados quieren saber si van a poner las alfombras en la terraza para esta noche, milady?

Lady Windermere. No cree que vaya a llover, Lord Darlington, ¿verdad?

Lord Darlington. ¡No quiero oír hablar de que llueva en su cumpleaños!

Lady Windermere. Dígales que lo hagan enseguida, Parker.

[*Sale* **Parker** *por el centro*].

Lord Darlington. [*Todavía sentado*]. ¿Cree entonces... por supuesto, sólo estoy poniendo un ejemplo imaginario... cree que en el caso de un matrimonio joven, digamos con unos dos años de casados, si el marido se convierte de repente en el amigo íntimo de una mujer de... bueno, de carácter más que dudoso... siempre la está visitando, almuerza con ella y probablemente paga sus facturas... cree que la esposa no debería consolarse?

Lady Windermere. [*Frunciendo el ceño*]. ¿Consolarse?

Lord Darlington. Sí, creo que ella debería... creo que tiene derecho.

Lady Windermere. Porque el marido es vil... ¿debe serlo también la mujer?

Lord Darlington. La vileza es una palabra terrible, Lady Windermere.

Lady Windermere. La vileza es algo terrible, Lord Darlington.

OSCAR WILDE

LORD DARLINGTON. Do you know I am afraid that good people do a great deal of harm in this world. Certainly the greatest harm they do is that they make badness of such extraordinary importance. It is absurd to divide people into good and bad. People are either charming or tedious. I take the side of the charming, and you, Lady Windermere, can't help belonging to them.

LADY WINDERMERE. Now, Lord Darlington. [*Rising and crossing R., front of him.*] Don't stir, I am merely going to finish my flowers. [*Goes to table R.C.*]

LORD DARLINGTON. [*Rising and moving chair.*] And I must say I think you are very hard on modern life, Lady Windermere. Of course there is much against it, I admit. Most women, for instance, nowadays, are rather mercenary.

LADY WINDERMERE. Don't talk about such people.

LORD DARLINGTON. Well then, setting aside mercenary people, who, of course, are dreadful, do you think seriously that women who have committed what the world calls a fault should never be forgiven?

LADY WINDERMERE. [*Standing at table.*] I think they should never be forgiven.

LORD DARLINGTON. And men? Do you think that there should be the same laws for men as there are for women?

LADY WINDERMERE. Certainly!

LORD DARLINGTON. I think life too complex a thing to be settled by these hard and fast rules.

LADY WINDERMERE. If we had 'these hard and fast rules,' we should find life much more simple.

LORD DARLINGTON. You allow of no exceptions?

LADY WINDERMERE. None!

Lord Darlington. Sabe que me temo que la gente buena hace mucho daño en este mundo. Sin duda, el mayor daño que hacen es que convierten la maldad en algo de extraordinaria importancia. Es absurdo dividir a la gente en buena y mala. La gente es encantadora o tediosa. Yo me pongo del lado de los encantadores, y usted, Lady Windermere, no puede evitar pertenecer a ellos.

Lady Windermere. Ahora, Lord Darlington. [*Se levanta y cruza por la derecha, frente a él*]. No se mueva, sólo voy a terminar con mis flores. [*Va a la mesa de la derecha, hacia el centro*].

Lord Darlington. [*Levantándose y moviendo la silla*]. Y debo decir que creo que es usted muy dura con la vida moderna, Lady Windermere. Por supuesto que hay mucho en su contra, lo admito. La mayoría de las mujeres, por ejemplo, hoy en día, son bastante mercenarias.

Lady Windermere. No hable de esa gente.

Lord Darlington. Pues bien, dejando a un lado a los mercenarios, que, por supuesto, son espantosos, ¿piensa usted seriamente que las mujeres que han cometido lo que el mundo llama una falta no deben ser perdonadas nunca?

Lady Windermere. [*De pie, cerca de la mesa*]. Creo que nunca deberían ser perdonadas.

Lord Darlington. ¿Y los hombres? ¿Cree que deberíamos tener las mismas leyes para los hombres que para las mujeres?

Lady Windermere. ¡Ciertamente!

Lord Darlington. Creo que la vida es demasiada compleja como para resolverla con estas reglas duras y rápidas.

Lady Windermere. Si tuviéramos «estas reglas duras y rápidas», la vida nos resultaría mucho más sencilla.

Lord Darlington. ¿No permite excepciones?

Lady Windermere. ¡Ninguna!

LORD DARLINGTON. Ah, what a fascinating Puritan you are, Lady Windermere!

LADY WINDERMERE. The adjective was unnecessary, Lord Darlington.

LORD DARLINGTON. I couldn't help it. I can resist everything except temptation.

LADY WINDERMERE. You have the modern affectation of weakness.

LORD DARLINGTON. [*Looking at her.*] It's only an affectation, Lady Windermere.

[*Enter* PARKER *C.*]

PARKER. The Duchess of Berwick and Lady Agatha Carlisle.

[*Enter the* DUCHESS OF BERWICK and LADY AGATHA CARLISLE *C.*]

[*Exit* PARKER *C.*]

DUCHESS OF BERWICK. [*Coming down C., and shaking hands.*] Dear Margaret, I am so pleased to see you. You remember Agatha, don't you? [*Crossing L.C.*] How do you do, Lord Darlington? I won't let you know my daughter, you are far too wicked.

LORD DARLINGTON. Don't say that, Duchess. As a wicked man I am a complete failure. Why, there are lots of people who say I have never really done anything wrong in the whole course of my life. Of course they only say it behind my back.

DUCHESS OF BERWICK. Isn't he dreadful? Agatha, this is Lord Darlington. Mind you don't believe a word he says. [**LORD DARLINGTON** *crosses R.C.*] No, no tea, thank you, dear. [*Crosses and sits on sofa.*] We have just had tea at Lady Markby's. Such bad tea, too. It was quite undrinkable. I wasn't at all surprised. Her own son-in-law supplies it. Agatha is looking forward so much to your ball to-night, dear Margaret.

LADY WINDERMERE. [*Seated L.C.*] Oh, you mustn't think it is going to be a

Lord Darlington. ¡Ah, qué puritana tan fascinante es usted, Lady Windermere!

Lady Windermere. El adjetivo era innecesario, Lord Darlington.

Lord Darlington. No pude evitarlo. Puedo resistirlo todo excepto la tentación.

Lady Windermere. Tiene la afectación moderna de la debilidad.

Lord Darlington. [*Mirándola*]. Es sólo una afectación, Lady Windermere.

[*Entra* Parker *por el centro*].

Parker. La Duquesa de Berwick y Lady Agatha Carlisle.

[*Entran la* Duquesa de Berwick *y* Lady Agatha Carlisle *por el centro*].

[*Sale* Parker *por el centro*].

Duquesa de Berwick. [*Viniendo del centro, y estrechando manos*]. Querida Margaret, me alegro mucho de verte. Recuerdas a Agatha, ¿verdad? [*Cruzando de la izquierda al centro*]. ¿Cómo está usted, Lord Darlington? No dejaré que conozca a mi hija, es usted demasiado malvado.

Lord Darlington. No diga eso, Duquesa. Como hombre malvado soy un completo fracaso. Hay mucha gente que dice que nunca he hecho nada malo en toda mi vida. Claro que sólo lo dicen a mis espaldas.

Duquesa de Berwick. Él es espantoso, ¿no? Agatha, este es Lord Darlington. No creas ni una palabra de lo que dice. [Lord Darlington *cruza de la derecha al centro*]. No, nada de té, gracias, querida. [*Cruza y se sienta en el sofá*]. Acabamos de tomar el té en casa de Lady Markby. Un té tan malo, además. Era imbebible. No me sorprendió en absoluto. Lo suministra su propio yerno. Agatha desea que llegue tu baile de gala de esta noche, querida Margaret.

Lady Windermere. [*Sentada a la izquierda, hacia el centro*]. Oh, no debe pen-

ball, Duchess. It is only a dance in honour of my birthday. A small and early.

LORD DARLINGTON. [*Standing L.C.*] Very small, very early, and very select, Duchess.

DUCHESS OF BERWICK. [*On sofa L.*] Of course it's going to be select. But we know *that*, dear Margaret, about *your* house. It is really one of the few houses in London where I can take Agatha, and where I feel perfectly secure about dear Berwick. I don't know what society is coming to. The most dreadful people seem to go everywhere. They certainly come to my parties—the men get quite furious if one doesn't ask them. Really, some one should make a stand against it.

LADY WINDERMERE. *I* will, Duchess. I will have no one in my house about whom there is any scandal.

LORD DARLINGTON. [*R.C.*] Oh, don't say that, Lady Windermere. I should never be admitted! [*Sitting.*]

DUCHESS OF BERWICK. Oh, men don't matter. With women it is different. We're good. Some of us are, at least. But we are positively getting elbowed into the corner. Our husbands would really forget our existence if we didn't nag at them from time to time, just to remind them that we have a perfect legal right to do so.

LORD DARLINGTON. It's a curious thing, Duchess, about the game of marriage—a game, by the way, that is going out of fashion—the wives hold all the honours, and invariably lose the odd trick.

DUCHESS OF BERWICK. The odd trick? Is that the husband, Lord Darlington?

LORD DARLINGTON. It would be rather a good name for the modern husband.

DUCHESS OF BERWICK. Dear Lord Darlington, how thoroughly depraved you are!

sar que va a ser un baile de gala, Duquesa. Es sólo una danza en honor de mi cumpleaños. Algo pequeño y temprano.

Lord Darlington. [*De pie a la izquierda, hacia el centro*]. Muy pequeño, muy temprano y muy selecto, Duquesa.

Duquesa de Berwick. [*En el sofá a la izquierda*]. Por supuesto que será algo selecto. Pero *eso* ya lo sabemos, querida Margaret, porque es *tu* casa. Es realmente una de las pocas casas en Londres donde puedo traer a Agatha, y donde me siento perfectamente segura acerca del querido Berwick. No sé en qué se está convirtiendo la sociedad. La gente más espantosa parece ir a todas partes. Desde luego vienen a mis fiestas; los hombres se ponen furiosos si una no les invita. De verdad, alguien debería oponerse.

Lady Windermere. *Yo* lo haré, Duquesa. No invitaré a nadie a mi casa de quien haya algún escándalo.

Lord Darlington. [*A la derecha, hacia el centro*]. No diga eso, Lady Windermere. ¡Nunca me admitirían! [*Sentándose*].

Duquesa de Berwick. Con los hombres no importa. Con las mujeres es diferente. Somos buenas. Algunas de nosotras lo somos, al menos. Pero nos están arrinconando a codazos. Nuestros maridos se olvidarían realmente de nuestra existencia si no les fastidiáramos de vez en cuando, sólo para recordarles que tenemos perfecto derecho legal a hacerlo.

Lord Darlington. Es curioso, Duquesa, lo del juego del matrimonio... un juego, por cierto, que está pasando de moda... las esposas se llevan todos los honores e invariablemente pierden la mejor mano.

Duquesa de Berwick. ¿La mejor mano? ¿Es ese el marido, Lord Darlington?

Lord Darlington. Sería más bien un buen nombre para el marido moderno.

Duquesa de Berwick. Querido Lord Darlington, ¡qué completamente depravado es usted!

Lady Windermere. Lord Darlington is trivial.

Lord Darlington. Ah, don't say that, Lady Windermere.

Lady Windermere. Why do you *talk* so trivially about life, then?

Lord Darlington. Because I think that life is far too important a thing ever to talk seriously about it. [*Moves up C.*]

Duchess of Berwick. What does he mean? Do, as a concession to my poor wits, Lord Darlington, just explain to me what you really mean.

Lord Darlington. [*Coming down back of table.*] I think I had better not, Duchess. Nowadays to be intelligible is to be found out. Good-bye! [*Shakes hands with* **Duchess**.] And now—[*goes up stage*] Lady Windermere, good-bye. I may come to-night, mayn't I? Do let me come.

Lady Windermere. [*Standing up stage with* **Lord Darlington**.] Yes, certainly. But you are not to say foolish, insincere things to people.

Lord Darlington. [*Smiling.*] Ah! you are beginning to reform me. It is a dangerous thing to reform any one, Lady Windermere. [*Bows, and exit C.*]

Duchess of Berwick. [*Who has risen, goes C.*] What a charming, wicked creature! I like him so much. I'm quite delighted he's gone! How sweet you're looking! Where *do* you get your gowns? And now I must tell you how sorry I am for you, dear Margaret. [*Crosses to sofa and sits with* **Lady Windermere**.] Agatha, darling!

Lady Agatha. Yes, mamma. [*Rises.*]

Duchess of Berwick. Will you go and look over the photograph album that I see there?

Lady Agatha. Yes, mamma. [*Goes to table up L.*]

Duchess of Berwick. Dear girl! She is so fond of photographs of Swit-

LADY WINDERMERE. Lord Darlington es trivial.

LORD DARLINGTON. Ah, no diga eso, Lady Windermere.

LADY WINDERMERE. ¿Por qué *habla* tan trivialmente de la vida, entonces?

LORD DARLINGTON. Porque creo que la vida es algo demasiado importante como para hablar seriamente de ella. [*Se acerca al centro*].

DUQUESA DE BERWICK. ¿Qué quiere decir? Por favor, como concesión a mi pobre ingenio, Lord Darlington, explíqueme qué quiere decir realmente.

LORD DARLINGTON. [*Viniendo por detrás de la mesa*]. Creo que será mejor que no lo haga, Duquesa. Hoy en día ser inteligible es ser descubierto. ¡Adiós! [*Estrecha la mano de la* DUQUESA]. Y ahora... [*sigue por el escenario*] Lady Windermere, adiós. Puedo venir esta noche, ¿no? Déjeme venir.

LADY WINDERMERE. [*De pie en el escenario con* LORD DARLINGTON]. Sí, desde luego. Pero no debe decir cosas tontas e insinceras a la gente.

LORD DARLINGTON. [*Sonriendo*]. ¡Ah! Usted está empezando a reformarme. Es algo peligroso reformar a alguien, Lady Windermere. [*Se inclina, y sale por el centro*].

DUQUESA DE BERWICK. [*Que se ha levantado, va al centro*]. ¡Qué criatura tan encantadora y malvada! Me gusta tanto. ¡Estoy encantada de que se haya ido! ¡Qué guapa estás! ¿De dónde sacas tus vestidos? Y ahora debo decirte cuánto lo siento por ti, querida Margaret. [*Cruza al sofá y se sienta con* LADY WINDERMERE]. ¡Agatha, querida!

LADY AGATHA. Sí, mamá. [*Se pone de pie*].

DUQUESA DE BERWICK. ¿Quieres ir a echar un vistazo al álbum de fotografías que veo allí?

LADY AGATHA. Sí, mamá. [*Va a la mesa a la izquierda*].

DUQUESA DE BERWICK. ¡Querida niña! Le gustan tanto las fotografías de Sui-

zerland. Such a pure taste, I think. But I really am so sorry for you, Margaret.

Lady Windermere. [*Smiling.*] Why, Duchess?

Duchess of Berwick. Oh, on account of that horrid woman. She dresses so well, too, which makes it much worse, sets such a dreadful example. Augustus—you know my disreputable brother—such a trial to us all—well, Augustus is completely infatuated about her. It is quite scandalous, for she is absolutely inadmissible into society. Many a woman has a past, but I am told that she has at least a dozen, and that they all fit.

Lady Windermere. Whom are you talking about, Duchess?

Duchess of Berwick. About Mrs. Erlynne.

Lady Windermere. Mrs. Erlynne? I never heard of her, Duchess. And what *has* she to do with me?

Duchess of Berwick. My poor child! Agatha, darling!

Lady Agatha. Yes, mamma.

Duchess of Berwick. Will you go out on the terrace and look at the sunset?

Lady Agatha. Yes, mamma.

[*Exit through window, L.*]

Duchess of Berwick. Sweet girl! So devoted to sunsets! Shows such refinement of feeling, does it not? After all, there is nothing like Nature, is there?

Lady Windermere. But what is it, Duchess? Why do you talk to me about this person?

Duchess of Berwick. Don't you really know? I assure you we're all so

za. Un gusto tan puro, creo. Pero lo siento mucho por ti, Margaret.

Lady Windermere. [*Sonriendo*]. ¿Por qué, Duquesa?

Duquesa de Berwick. Oh, por culpa de esa horrible mujer. Se viste tan bien, además, lo que lo hace mucho peor, da un ejemplo tan espantoso. Augustus... usted conoce a mi hermano, con su mala reputación... tal prueba para todos nosotros... bueno, Augustus está completamente encaprichado con ella. Es bastante escandaloso, pues ella es absolutamente inadmisible en sociedad. Muchas mujeres tienen un pasado, pero me han dicho que ella tiene al menos una docena, y que todos encajan.

Lady Windermere. ¿De quién habla, Duquesa?

Duquesa de Berwick. De Mrs. Erlynne.

Lady Windermere. ¿Mrs. Erlynne? Nunca he oído hablar de ella, Duquesa. ¿Y qué tiene ella que ver conmigo?

Duquesa de Berwick. ¡Mi pobre niña! ¡Agatha, querida!

Lady Agatha. Sí, mamá.

Duquesa de Berwick. ¿Quieres salir a la terraza y contemplar la puesta de sol?

Lady Agatha. Sí, mamá.

[*Sale por la puerta-ventana a la izquierda*].

Duquesa de Berwick. ¡Dulce muchacha! ¡Tan devota de las puestas de sol! Demuestra tal refinamiento de sentimientos, ¿no es así? Después de todo, no hay nada como la naturaleza, ¿verdad?

Lady Windermere. ¿Pero de qué se trata, Duquesa? ¿Por qué me habla de esta persona?

Duquesa de Berwick. ¿De verdad no lo sabes? Te aseguro que todos esta-

distressed about it. Only last night at dear Lady Jansen's every one was saying how extraordinary it was that, of all men in London, Windermere should behave in such a way.

LADY WINDERMERE. My husband—what has *he* got to do with any woman of that kind?

DUCHESS OF BERWICK. Ah, what indeed, dear? That is the point. He goes to see her continually, and stops for hours at a time, and while he is there she is not at home to any one. Not that many ladies call on her, dear, but she has a great many disreputable men friends—my own brother particularly, as I told you—and that is what makes it so dreadful about Windermere. We looked upon *him* as being such a model husband, but I am afraid there is no doubt about it. My dear nieces—you know the Saville girls, don't you?—such nice domestic creatures—plain, dreadfully plain, but so good—well, they're always at the window doing fancy work, and making ugly things for the poor, which I think so useful of them in these dreadful socialistic days, and this terrible woman has taken a house in Curzon Street, right opposite them—such a respectable street, too! I don't know what we're coming to! And they tell me that Windermere goes there four and five times a week—they *see* him. They can't help it—and although they never talk scandal, they—well, of course—they remark on it to every one. And the worst of it all is that I have been told that this woman has got a great deal of money out of somebody, for it seems that she came to London six months ago without anything at all to speak of, and now she has this charming house in Mayfair, drives her ponies in the Park every afternoon and all—well, all—since she has known poor dear Windermere.

LADY WINDERMERE. Oh, I can't believe it!

DUCHESS OF BERWICK. But it's quite true, my dear. The whole of London knows it. That is why I felt it was better to come and talk to you, and advise you to take Windermere away at once to Homburg or to Aix, where he'll have something to amuse him, and where you can watch him all day long. I assure you, my dear, that on several occasions after I was first married, I had to pretend to be very

mos muy angustiados por ello. Anoche mismo, en casa de la querida Lady Jansen, todo el mundo decía lo extraordinario que era que, de todos los hombres de Londres, Windermere se comportara de ese modo.

Lady Windermere. Mi marido... ¿qué tiene *él* que hacer con una mujer de ese tipo?

Duquesa de Berwick. Ah, exactamente ¿qué tiene que hacer, querida? Esa es la cuestión. Va a verla continuamente, y se queda por horas, y mientras él está allí ella no está en casa para nadie. No es que la visiten muchas damas, querida, pero tiene muchos amigos varones de mala reputación... mi propio hermano en particular, como ya te dije... y eso es lo que hace tan espantoso lo de Windermere. A *él* lo considerábamos un marido modelo, pero me temo que no hay duda al respecto. Mis queridas sobrinas —conoces a las chicas Saville, ¿verdad?—, unas criaturas caseras, tan agradables —sencillas, terriblemente sencillas, pero tan buenas—, bueno, siempre están en la ventana haciendo trabajos de fantasía, y haciendo cosas feas para los pobres, lo que me parece tan útil de ellas en estos espantosos días socialistas, y esta terrible mujer se ha instalado en una casa en Curzon Street, justo enfrente de ellas... ¡una calle tan respetable, además! ¡No sé a dónde vamos a ir a parar! Y me dicen que Windermere va allí cuatro y cinco veces por semana... lo *ven*. No pueden evitarlo... y aunque nunca hablan de escándalos, ellas —por supuesto— lo comentan con todo el mundo. Y lo peor de todo es que me han dicho que esa mujer le ha sacado mucho dinero a alguien, pues parece ser que llegó a Londres hace seis meses sin tener donde caerse muerta —por así decir— y ahora tiene esa encantadora casa en Mayfair, pasea con sus ponies por el parque todas las tardes y todo... bueno, todo... desde que conoce al pobre y querido Windermere.

Lady Windermere. ¡Oh, no puedo creerlo!

Duquesa de Berwick. Pero es muy cierto, querida. Todo Londres lo sabe. Por eso me pareció mejor venir a hablar contigo, y aconsejarte que lleves a Windermere de inmediato a Homburg o a Aix, donde tendrá algo con lo que entretenerse, y donde podrás vigilarlo todo el día. Te aseguro, querida, que en varias ocasiones después de casarme por primera vez, tuve que fingir estar muy enferma, y me vi obligada a

ill, and was obliged to drink the most unpleasant mineral waters, merely to get Berwick out of town. He was so extremely susceptible. Though I am bound to say he never gave away any large sums of money to anybody. He is far too high-principled for that!

LADY WINDERMERE. [*Interrupting.*] Duchess, Duchess, it's impossible! [*Rising and crossing stage to C.*] We are only married two years. Our child is but six months old. [*Sits in chair R. of L. table.*]

DUCHESS OF BERWICK. Ah, the dear pretty baby! How is the little darling? Is it a boy or a girl? I hope a girl—Ah, no, I remember it's a boy! I'm so sorry. Boys are so wicked. My boy is excessively immoral. You wouldn't believe at what hours he comes home. And he's only left Oxford a few months—I really don't know what they teach them there.

LADY WINDERMERE. Are *all* men bad?

DUCHESS OF BERWICK. Oh, all of them, my dear, all of them, without any exception. And they never grow any better. Men become old, but they never become good.

LADY WINDERMERE. Windermere and I married for love.

DUCHESS OF BERWICK. Yes, we begin like that. It was only Berwick's brutal and incessant threats of suicide that made me accept him at all, and before the year was out, he was running after all kinds of petticoats, every colour, every shape, every material. In fact, before the honeymoon was over, I caught him winking at my maid, a most pretty, respectable girl. I dismissed her at once without a character.—No, I remember I passed her on to my sister; poor dear Sir George is so short-sighted, I thought it wouldn't matter. But it did, though—it was most unfortunate. [*Rises.*] And now, my dear child, I must go, as we are dining out. And mind you don't take this little aberration of Windermere's too much to heart. Just take him abroad, and he'll come back to you all right.

LADY WINDERMERE. Come back to me? [*C.*]

beber las aguas minerales más desagradables, sólo para sacar a Berwick de la ciudad. Era tan extremadamente susceptible. Aunque debo decir que nunca regaló grandes sumas de dinero a nadie. Tiene demasiados principios como para eso.

Lady Windermere. [*Interrumpiendo*]. ¡Duquesa, Duquesa, eso es imposible! [*Levantándose y cruzando el escenario hacia el centro*]. Sólo llevamos dos años de casados. Nuestro bebé sólo tiene seis meses. [*Se sienta en la silla a la derecha de la mesa a la izquierda*].

Duquesa de Berwick. ¡Ah, el querido y bonito bebé! ¿Cómo está el pequeño, querida? ¿Es niño o niña? Espero que una niña... Ah, no, ¡recuerdo que es un niño! Lo siento mucho. Los niños son tan malvados. Mi niño es excesivamente inmoral. No podrías creer a qué horas vuelve a casa. Y sólo ha dejado la Universidad de Oxford hace unos meses... Realmente no sé qué les enseñan allí.

Lady Windermere. ¿Son *todos* los hombres malos?

Duquesa de Berwick. Oh, todos, querida, todos, sin ninguna excepción. Y nunca mejoran. Los hombres envejecen, pero nunca se vuelven buenos.

Lady Windermere. Windermere y yo nos casamos por amor.

Duquesa de Berwick. Sí, nosotros empezamos así. Sólo las brutales e incesantes amenazas de suicidio de Berwick hicieron que le aceptara del todo y, antes de que acabara el año, andaba detrás de todo tipo de enaguas, de todos los colores, formas y materiales. De hecho, antes de que terminara la luna de miel, le sorprendí guiñándole un ojo a mi criada, una muchacha muy guapa y respetable. La despedí de inmediato, sin determe a pensarlo... No, recuerdo que se la pasé a mi hermana; el pobre y querido Sir George es tan corto de vista que pensé que no importaría. Pero importó, sin embargo... fue de lo más desafortunado. [*Se pone de pie*]. Y ahora, mi querida amiguita, debo irme, ya que vamos a cenar fuera. Y ten cuidado de no tomarte demasiado a pecho esta pequeña aberración de Windermere. Llévatelo al extranjero y volverá a ti sin problemas.

Lady Windermere. ¿Volverá a mí? [*En el centro*].

Duchess of Berwick. [*L.C.*] Yes, dear, these wicked women get our husbands away from us, but they always come back, slightly damaged, of course. And don't make scenes, men hate them!

Lady Windermere. It is very kind of you, Duchess, to come and tell me all this. But I can't believe that my husband is untrue to me.

Duchess of Berwick. Pretty child! I was like that once. Now I know that all men are monsters. [**Lady Windermere** *rings bell.*] The only thing to do is to feed the wretches well. A good cook does wonders, and that I know you have. My dear Margaret, you are not going to cry?

Lady Windermere. You needn't be afraid, Duchess, I never cry.

Duchess of Berwick. That's quite right, dear. Crying is the refuge of plain women but the ruin of pretty ones. Agatha, darling!

Lady Agatha. [*Entering L.*] Yes, mamma. [*Stands back of table L.C.*]

Duchess of Berwick. Come and bid good-bye to Lady Windermere, and thank her for your charming visit. [*Coming down again.*] And by the way, I must thank you for sending a card to Mr. Hopper—he's that rich young Australian people are taking such notice of just at present. His father made a great fortune by selling some kind of food in circular tins—most palatable, I believe—I fancy it is the thing the servants always refuse to eat. But the son is quite interesting. I think he's attracted by dear Agatha's clever talk. Of course, we should be very sorry to lose her, but I think that a mother who doesn't part with a daughter every season has no real affection. We're coming to-night, dear. [**Parker** *opens C. doors.*] And remember my advice, take the poor fellow out of town at once, it is the only thing to do. Good-bye, once more; come, Agatha.

[*Exeunt* **Duchess** *and* **Lady Agatha** *C.*]

Lady Windermere. How horrible! I understand now what Lord Darlington meant by the imaginary instance of the couple not two

Duquesa de Berwick. [*A la izquierda, hacia el centro*]. Sí, querida, estas mujeres malvadas alejan a nuestros maridos de nosotras, pero ellos siempre vuelven, ligeramente dañados, por supuesto. Y no hagas escenas, ¡los hombres las odian!

Lady Windermere. Es muy amable de su parte, Duquesa, venir a contarme todo esto. Pero no puedo creer que mi marido me sea infiel.

Duquesa de Berwick. ¡Niña bonita! Yo fui así una vez. Ahora sé que todos los hombres son monstruos. [**Lady Windermere** *toca el timbre*]. Lo único que hay que hacer es alimentar bien a los desgraciados. Una buena cocinera hace maravillas, y eso sé que sí tienes. Mi querida Margaret, ¿no vas a llorar?

Lady Windermere. No debe temer, Duquesa, yo nunca lloro.

Duquesa de Berwick. Así es, querida. Llorar es el refugio de las mujeres sencillas pero la ruina de las bonitas. ¡Agatha, querida!

Lady Agatha. [*Entra por la izquierda*]. Sí, mamá. [*Se para detrás de la mesa a la izquierda, hacia el centro*].

Duquesa de Berwick. Ven y despídete de Lady Windermere, y agradécele por la encantadora visita. [*Viniendo de nuevo*]. Y por cierto, debo agradecerte que hayas enviado una tarjeta a Mr. Hopper... ese joven australiano rico en el que la gente se fija tanto precisamente ahora. Su padre hizo una gran fortuna vendiendo algún tipo de comida en latas circulares —muy apetecible, creo—, me imagino que es lo que los criados siempre se niegan a comer. Pero el hijo es bastante interesante. Creo que le atrae la charla inteligente de la querida Agatha. Por supuesto, nos daría mucha pena perderla, pero creo que una madre que no se separa de una hija cada temporada no tiene verdadero afecto. Vendremos esta noche, querida. [**Parker** *abre las puertas del centro*]. Y recuerda mi consejo, saca al pobre de la ciudad de una vez, es lo único que se puede hacer. Adiós, una vez más; ven, Agatha.

[*Salen la* **Duquesa** *y* **Lady Agatha** *por el centro*].

Lady Windermere. ¡Qué horrible! Ahora entiendo a qué se refería Lord Darlington con el caso imaginario de la pareja que no llevaba ni dos

years married. Oh! it can't be true—she spoke of enormous sums of money paid to this woman. I know where Arthur keeps his bank book—in one of the drawers of that desk. I might find out by that. I *will* find out. [*Opens drawer.*] No, it is some hideous mistake. [*Rises and goes C.*] Some silly scandal! He loves *me*! He loves *me*! But why should I not look? I am his wife, I have a right to look! [*Returns to bureau, takes out book and examines it page by page, smiles and gives a sigh of relief.*] I knew it! there is not a word of truth in this stupid story. [*Puts book back in drawer. As he does so, starts and takes out another book.*] A second book—private—locked! [*Tries to open it, but fails. Sees paper knife on bureau, and with it cuts cover from book. Begins to start at the first page.*] 'Mrs. Erlynne—£600—Mrs. Erlynne—£700—Mrs. Erlynne—£400.' Oh! it is true! It is true! How horrible! [*Throws book on floor.*]

[*Enter* LORD WINDERMERE *C.*]

LORD WINDERMERE. Well, dear, has the fan been sent home yet? [*Going R.C. Sees book.*] Margaret, you have cut open my bank book. You have no right to do such a thing!

LADY WINDERMERE. You think it wrong that you are found out, don't you?

LORD WINDERMERE. I think it wrong that a wife should spy on her husband.

LADY WINDERMERE. I did not spy on you. I never knew of this woman's existence till half an hour ago. Some one who pitied me was kind enough to tell me what every one in London knows already—your daily visits to Curzon Street, your mad infatuation, the monstrous sums of money you squander on this infamous woman! [*Crossing L.*]

LORD WINDERMERE. Margaret! don't talk like that of Mrs. Erlynne, you don't know how unjust it is!

LADY WINDERMERE. [*Turning to him.*] You are very jealous of Mrs. Erlynne's honour. I wish you had been as jealous of mine.

años de casados. ¡Oh! No puede ser cierto... ella habló de enormes sumas de dinero pagadas a esa mujer. Sé dónde guarda Arthur su libro de cheques... en uno de los cajones de ese escritorio. Puede que lo encuentre por ahí. Lo *encontraré*. [*Abre el cajón*]. No, debe ser algún horrible error. [*Se levanta y va al centro*]. ¡Algún escándalo tonto! ¡Él *me* ama! ¡Él *me* ama! ¿Pero por qué no debo mirar? Soy su esposa, ¡tengo derecho a mirar! [*Vuelve al buró, saca el libro y lo examina página por página, sonríe y da un suspiro de alivio*]. ¡Lo sabía! No hay ni una palabra de verdad en esta estúpida historia. [*Vuelve a meter el libro en el cajón. Mientras lo hace, se sobresalta y saca otro libro*]. ¡Un segundo libro... privado... cerrado! [*Intenta abrirlo, pero falla. Ve un cortapapeles en el buró y con él corta la cubierta del libro. Empieza a sobresaltarse desde la primera página*]. «Mrs. Erlynne: £600... Mrs. Erlynne: £700... Mrs. Erlynne: £400». ¡Oh! ¡Es verdad! ¡Es verdad! ¡Qué horrible! [*Tira el libro al suelo*].

[*Entra* Lord Windermere *por el centro*]

Lord Windermere. Bueno, querida, ¿ya han enviado el abanico a casa? [*Va de la derecha al centro. Ve el libro*]. Margaret, has abierto mi libro de cheques. ¡No tienes derecho a hacer tal cosa!

Lady Windermere. Te parece mal que te descubran, ¿verdad?

Lord Windermere. Me parece mal que una esposa espíe a su marido.

Lady Windermere. Yo no te espié. Nunca supe de la existencia de esta mujer hasta hace media hora. Alguien que se compadeció de mí tuvo la amabilidad de contarme lo que todo el mundo en Londres sabe ya... tus visitas diarias a Curzon Street, tu loco enamoramiento, las monstruosas sumas de dinero que despilfarras en esta infame mujer. [*Cruzando a la izquierda*].

Lord Windermere. ¡Margaret! ¡No hables así de Mrs. Erlynne, no sabes lo injusto que es!

Lady Windermere. [*Volviéndose hacia él*]. Tú eres muy celoso del honor de Mrs. Erlynne. Ojalá hubieras sido tan celoso del mío.

Lord Windermere. Your honour is untouched, Margaret. You don't think for a moment that—[*Puts book back into desk.*]

Lady Windermere. I think that you spend your money strangely. That is all. Oh, don't imagine I mind about the money. As far as I am concerned, you may squander everything we have. But what I *do* mind is that you who have loved me, you who have taught me to love you, should pass from the love that is given to the love that is bought. Oh, it's horrible! [*Sits on sofa.*] And it is I who feel degraded! *you* don't feel anything. I feel stained, utterly stained. You can't realise how hideous the last six months seems to me now—every kiss you have given me is tainted in my memory.

Lord Windermere. [*Crossing to her.*] Don't say that, Margaret. I never loved any one in the whole world but you.

Lady Windermere. [*Rises.*] Who is this woman, then? Why do you take a house for her?

Lord Windermere. I did not take a house for her.

Lady Windermere. You gave her the money to do it, which is the same thing.

Lord Windermere. Margaret, as far as I have known Mrs. Erlynne—

Lady Windermere. Is there a Mr. Erlynne—or is he a myth?

Lord Windermere. Her husband died many years ago. She is alone in the world.

Lady Windermere. No relations? [*A pause.*]

Lord Windermere. None.

Lady Windermere. Rather curious, isn't it? [*L.*]

Lord Windermere. [*L.C.*] Margaret, I was saying to you—and I beg you to listen to me—that as far as I have known Mrs. Erlynne, she has conducted herself well. If years ago—

Lord Windermere. Tu honor está intacto, Margaret. No pensarás ni por un momento que… [*Vuelve a poner el libro en el escritorio*].

Lady Windermere. Creo que gastas tu dinero de forma extraña. Eso es todo. Oh, no creas que me importa el dinero. En lo que a mí respecta, puedes despilfarrar todo lo que tenemos. Pero lo que *sí* me importa es que tú que me has amado, tú que me has enseñado a amarte, pases del amor que se da al amor que se compra. ¡Oh, es horrible! [*Se sienta en el sofá*]. ¡Y soy yo quien se siente degradada! *Tú* no sientes nada. Me siento manchada, completamente manchada. No puedes darte cuenta de lo horrible que me parecen ahora los últimos seis meses… cada beso que me has dado está manchado en mi memoria.

Lord Windermere. [*Cruzando hacia ella*]. No digas eso, Margaret. Nunca he amado a nadie en todo el mundo excepto a ti.

Lady Windermere. [*Se pone de pie*]. ¿Quién es esta mujer, entonces? ¿Por qué instalas una casa para ella?

Lord Windermere. No instalé una casa para ella.

Lady Windermere. Tú le diste el dinero para hacerlo, que es lo mismo.

Lord Windermere. Margaret, hasta donde he conocido a Mrs. Erlynne…

Lady Windermere. ¿Hay también un Mr. Erlynne… o es un mito?

Lord Windermere. Su marido murió hace muchos años. Está sola en el mundo.

Lady Windermere. ¿No tiene parientes? [*Una pausa*].

Lord Windermere. Ninguno.

Lady Windermere. Bastante curioso, ¿no? [*A la izquierda*].

Lord Windermere. [*A la izquierda, hacia el centro*]. Margaret, te decía —y te ruego que me escuches— que hasta donde he conocido a Mrs. Erlynne, se ha comportado bien. Si hace años…

LADY WINDERMERE. Oh! [*Crossing R.C.*] I don't want details about her life!

LORD WINDERMERE. [*C.*] I am not going to give you any details about her life. I tell you simply this—Mrs. Erlynne was once honoured, loved, respected. She was well born, she had position—she lost everything—threw it away, if you like. That makes it all the more bitter. Misfortunes one can endure—they come from outside, they are accidents. But to suffer for one's own faults—ah!—there is the sting of life. It was twenty years ago, too. She was little more than a girl then. She had been a wife for even less time than you have.

LADY WINDERMERE. I am not interested in her—and—you should not mention this woman and me in the same breath. It is an error of taste. [*Sitting R. at desk.*]

LORD WINDERMERE. Margaret, you could save this woman. She wants to get back into society, and she wants you to help her. [*Crossing to her.*]

LADY WINDERMERE. Me!

LORD WINDERMERE. Yes, you.

LADY WINDERMERE. How impertinent of her! [*A pause.*]

LORD WINDERMERE. Margaret, I came to ask you a great favour, and I still ask it of you, though you have discovered what I had intended you should never have known that I have given Mrs. Erlynne a large sum of money. I want you to send her an invitation for our party tonight. [*Standing L. of her.*]

LADY WINDERMERE. You are mad! [*Rises.*]

LORD WINDERMERE. I entreat you. People may chatter about her, do chatter about her, of course, but they don't know anything definite against her. She has been to several houses—not to houses where you would go, I admit, but still to houses where women who are in what is called Society nowadays do go. That does not content her. She wants you to receive her once.

LADY WINDERMERE. As a triumph for her, I suppose?

Lady Windermere. ¡Oh! ¡No quiero detalles sobre su vida!

Lord Windermere. [*En el centro*]. No voy a darte ningún detalle sobre su vida. Te digo simplemente esto... Mrs. Erlynne fue una vez honrada, amada, respetada. Había nacido bien, tenía posición... lo perdió todo... lo tiró por la borda, si lo prefieres. Eso lo hace aún más amargo. Las desgracias se pueden soportar... vienen de fuera, son accidentes. Pero sufrir por las propias faltas... ¡ah!... ahí está el aguijón de la vida. Además eso fue hace veinte años. Entonces tú eras poco más que una niña. Ella llevaba siendo esposa incluso menos tiempo que tú.

Lady Windermere. Ella no me interesa, y no deberías mencionarnos a esta mujer y a mí en la misma frase. Es un error de gusto. [*Sentándose a la derecha, en el escritorio*].

Lord Windermere. Margaret, tú podrías salvar a esta mujer. Quiere volver a la sociedad y quiere que la ayudes. [*Cruzando hacia ella*].

Lady Windermere. ¡Yo!

Lord Windermere. Sí, tú.

Lady Windermere. ¡Qué impertinente de su parte! [*Una pausa*].

Lord Windermere. Margaret, he venido a pedirte un gran favor, y aún te lo pido, aunque hayas descubierto lo que quisiera que nunca sepas, que le he dado a Mrs. Erlynne una gran suma de dinero. Quiero que le envíes una invitación para nuestra fiesta de esta noche. [*De pie al lado de ella, a la izquierda*].

Lady Windermere. ¡Tú estás loco! [*Se levanta*].

Lord Windermere. Te lo ruego. La gente puede hablar sobre ella, hablan sobre ella, por supuesto, pero no saben nada definitivo contra ella. Ha estado en varias casas... no en casas a las que tú irías, lo admito, pero sí en casas a las que van las mujeres que están en lo que hoy se llama la sociedad de nuestros días. Eso no la satisface. Quiere que tú la recibas una vez.

Lady Windermere. Como un triunfo para ella, supongo.

Lord Windermere. No; but because she knows that you are a good woman—and that if she comes here once she will have a chance of a happier, a surer life than she has had. She will make no further effort to know you. Won't you help a woman who is trying to get back?

Lady Windermere. No! If a woman really repents, she never wishes to return to the society that has made or seen her ruin.

Lord Windermere. I beg of you.

Lady Windermere. [*Crossing to door R.*] I am going to dress for dinner, and don't mention the subject again this evening. Arthur [*going to him C.*], you fancy because I have no father or mother that I am alone in the world, and that you can treat me as you choose. You are wrong, I have friends, many friends.

Lord Windermere. [*L.C.*] Margaret, you are talking foolishly, recklessly. I won't argue with you, but I insist upon your asking Mrs. Erlynne to-night.

Lady Windermere. [*R.C.*] I shall do nothing of the kind. [*Crossing L.C.*]

Lord Windermere. You refuse? [*C.*]

Lady Windermere. Absolutely!

Lord Windermere. Ah, Margaret, do this for my sake; it is her last chance.

Lady Windermere. What has that to do with me?

Lord Windermere. How hard good women are!

Lady Windermere. How weak bad men are!

Lord Windermere. Margaret, none of us men may be good enough for the women we marry—that is quite true—but you don't imagine I would ever—oh, the suggestion is monstrous!

Lord Windermere. No; sino porque sabe que tú eres una buena mujer y que si viene aquí una vez tendrá la oportunidad de una vida más feliz y segura de la que ha tenido. No se esforzará por conocerte más. ¿No ayudarás a una mujer que intenta volver a la sociedad?

Lady Windermere. ¡No! Si una mujer se arrepiente de verdad, nunca deseará volver a la sociedad que ha hecho o ha visto su ruina.

Lord Windermere. Te lo ruego.

Lady Windermere. [*Cruzando a la puerta de la derecha*]. Voy a vestirme para la cena, y no vuelvas a mencionar el tema esta noche. Arthur [*dirigiéndose a él, en el centro*], te imaginas que porque no tengo padre ni madre estoy sola en el mundo, y que puedes tratarme como quieras. Te equivocas, tengo amigos, muchos amigos.

Lord Windermere. [*A la izquierda, hacia el centro*]. Margaret, estás hablando como una tonta, imprudentemente. No discutiré contigo, pero insisto en que invites a Mrs. Erlynne esta noche.

Lady Windermere. [*A la derecha, hacia el centro*]. No haré nada de eso. [*Cruzando de la izquierda al centro*].

Lord Windermere. ¿Te niegas? [*En el centro*].

Lady Windermere. ¡Absolutamente!

Lord Windermere. Ah, Margaret, hazlo por mí; es la última oportunidad para ella.

Lady Windermere. ¿Qué tiene eso que ver conmigo?

Lord Windermere. ¡Qué duras son las buenas mujeres!

Lady Windermere. ¡Qué débiles son los hombres malos!

Lord Windermere. Margaret, puede que ninguno de nosotros, los hombres, seamos lo bastante buenos para las mujeres con las que nos casamos, eso es muy cierto, pero no te imaginas que yo alguna vez... ¡oh, la sugerencia es monstruosa!

Lady Windermere. Why should *you* be different from other men? I am told that there is hardly a husband in London who does not waste his life over *some* shameful passion.

Lord Windermere. I am not one of them.

Lady Windermere. I am not sure of that!

Lord Windermere. You are sure in your heart. But don't make chasm after chasm between us. God knows the last few minutes have thrust us wide enough apart. Sit down and write the card.

Lady Windermere. Nothing in the whole world would induce me.

Lord Windermere. [*Crossing to bureau.*] Then I will! [*Rings electric bell, sits and writes card.*]

Lady Windermere. You are going to invite this woman? [*Crossing to him.*]

Lord Windermere. Yes. [*Pause. Enter* **Parker**.] Parker!

Parker. Yes, my lord. [*Comes down L.C.*]

Lord Windermere. Have this note sent to Mrs. Erlynne at No. 84A Curzon Street. [*Crossing to L.C. and giving note to* **Parker**.] There is no answer!

[*Exit* **Parker** *C.*]

Lady Windermere. Arthur, if that woman comes here, I shall insult her.

Lord Windermere. Margaret, don't say that.

Lady Windermere. I mean it.

Lord Windermere. Child, if you did such a thing, there's not a woman in London who wouldn't pity you.

Lady Windermere. There is not a *good* woman in London who would

Lady Windermere. ¿Por qué *tú* deberías ser diferente de los demás hombres? Me han dicho que apenas hay un marido en Londres que no malgaste su vida en *alguna* pasión vergonzosa.

Lord Windermere. Yo no soy uno de ellos.

Lady Windermere. No estoy segura de ello.

Lord Windermere. Estás segura en tu corazón. Pero no crees un abismo tras otro entre nosotros. Dios sabe que los últimos minutos nos han separado lo suficiente. Siéntate y escribe la tarjeta.

Lady Windermere. Nada en el mundo entero me induciría a hacerlo.

Lord Windermere. [*Cruza al buró*]. ¡Entonces lo haré yo! [*Toca el timbre eléctrico, se sienta y escribe la tarjeta*].

Lady Windermere. ¿Vas a invitar a esta mujer? [*Cruzando hacia él*].

Lord Windermere. Sí. [*Pausa. Entra* **Parker**]. ¡Parker!

Parker. Sí, milord. [*Va a la izquierda, en el centro*].

Lord Windermere. Que envíen esta nota a Mrs. Erlynne al n° 84A de Curzon Street. [*Cruza a la izquierda, hacia el centro, y entrega la nota a* **Parker**]. ¡No espere respuesta!

[*Sale* **Parker** *por el centro*].

Lady Windermere. Arthur, si esa mujer viene aquí, la insultaré.

Lord Windermere. Margaret, no digas eso.

Lady Windermere. Lo digo en serio.

Lord Windermere. Niña, si hicieras tal cosa, no hay mujer en Londres que no se compadecerá de ti.

Lady Windermere. No hay una *buena* mujer en Londres que no me aplau-

not applaud me. We have been too lax. We must make an example. I propose to begin to-night. [*Picking up fan.*] Yes, you gave me this fan to-day; it was your birthday present. If that woman crosses my threshold, I shall strike her across the face with it.

Lord Windermere. Margaret, you couldn't do such a thing.

Lady Windermere. You don't know me! [*Moves R.*]

[*Enter* **Parker.**]

Lady Windermere. Parker!

Parker. Yes, my lady.

Lady Windermere. I shall dine in my own room. I don't want dinner, in fact. See that everything is ready by half-past ten. And, Parker, be sure you pronounce the names of the guests very distinctly to-night. Sometimes you speak so fast that I miss them. I am particularly anxious to hear the names quite clearly, so as to make no mistake. You understand, Parker?

Parker. Yes, my lady.

Lady Windermere. That will do!

[*Exit* **Parker** *C.*]

[*Speaking to* **Lord Windermere.**] Arthur, if that woman comes here—I warn you—

Lord Windermere. Margaret, you'll ruin us!

Lady Windermere. Us! From this moment my life is separate from yours. But if you wish to avoid a public scandal, write at once to this woman, and tell her that I forbid her to come here!

Lord Windermere. I will not—I cannot—she must come!

Lady Windermere. Then I shall do exactly as I have said. [*Goes R.*] You

da. Nosotras hemos sido demasiado poco estrictas. Debemos dar el ejemplo. Propongo empezar esta noche. [*Cogiendo el abanico*]. Sí, tú me diste este abanico hoy; fue tu regalo de cumpleaños. Si esa mujer cruza mi umbral, la golpearé en la cara con él.

Lord Windermere. Margaret, no podrías hacer tal cosa.

Lady Windermere. ¡Tú no me conoces! [*Se mueve hacia la derecha*]

[*Entra* **Parker**].

Lady Windermere. ¡Parker!

Parker. Sí, señora.

Lady Windermere. Cenaré en mi propia habitación. De hecho, no quiero cenar. Procure que todo esté listo para las diez y media. Y, Parker, asegúrese de pronunciar los nombres de los invitados muy claramente esta noche. A veces habla tan rápido que me los pierdo. Estoy especialmente ansiosa por oír los nombres con toda claridad, para no equivocarme. ¿Lo entiende, Parker?

Parker. Sí, milady.

Lady Windermere. ¡Con eso está bien!

[*Sale* **Parker** *por el centro*].

[*Dirigiéndose a* **Lord Windermere**]. Arthur, si esa mujer viene aquí... te advierto...

Lord Windermere. ¡Margaret, nos arruinarás!

Lady Windermere. ¡Hablas de nosotros! Desde este momento mi vida está separada de la tuya. Pero si deseas evitar un escándalo público, escribe de inmediato a esta mujer y dile que le prohíbo venir aquí.

Lord Windermere. No lo haré... no puedo... ¡ella debe venir!

Lady Windermere. Entonces haré exactamente lo que he dicho. [*Va a la*

leave me no choice.

[Exit R.]

LORD WINDERMERE. [*Calling after her.*] Margaret! Margaret! [*A pause.*] My God! What shall I do? I dare not tell her who this woman really is. The shame would kill her. [*Sinks down into a chair and buries his face in his hands.*]

Act Drop

derecha]. No me dejas otra opción.

[*Sale por la derecha*].

Lord Windermere. [*Llamándola*]. ¡Margaret! ¡Margaret! [*Una pausa*]. ¡Dios mío! ¿Qué debo hacer? No me atrevo a decirle quién es realmente esta mujer. La vergüenza la mataría. [*Se hunde en una silla y entierra la cara entre las manos*].

Telón

SECOND ACT

SCENE

Drawing-room in Lord Windermere's house. Door R.U. opening into ball-room, where band is playing. Door L. through which guests are entering. Door L.U. opens on to illuminated terrace. Palms, flowers, and brilliant lights. Room crowded with guests. Lady Windermere is receiving them.

DUCHESS OF BERWICK. [*Up C.*] So strange Lord Windermere isn't here. Mr. Hopper is very late, too. You have kept those five dances for him, Agatha? [*Comes down.*]

LADY AGATHA. Yes, mamma.

DUCHESS OF BERWICK. [*Sitting on sofa.*] Just let me see your card. I'm so glad Lady Windermere has revived cards.—They're a mother's only safeguard. You dear simple little thing! [*Scratches out two names.*] No nice girl should ever waltz with such particularly younger sons! It looks so fast! The last two dances you might pass on the terrace with Mr. Hopper.

[*Enter* MR. DUMBY *and* LADY PLYMDALE *from the ball-room.*]

LADY AGATHA. Yes, mamma.

DUCHESS OF BERWICK. [*Fanning herself.*] The air is so pleasant there.

PARKER. Mrs. Cowper-Cowper. Lady Stutfield. Sir James Royston. Mr. Guy Berkeley.

[*These people enter as announced.*]

DUMBY. Good evening, Lady Stutfield. I suppose this will be the last ball of the season?

LADY STUTFIELD. I suppose so, Mr. Dumby. It's been a delightful season, hasn't it?

SEGUNDO ACTO

ESCENA

Salón de la casa de Lord Windermere. Puerta a la derecha, que da al salón de baile, donde está tocando la banda. Puerta a la izquierda, por la que entran los invitados. Otra puerta a la izquierda, que da a una terraza iluminada. Palmeras, flores y luces brillantes. Sala abarrotada de invitados. Lady Windermere los recibe.

DUQUESA DE BERWICK. [*Arriba en el centro*] Qué extraño que Lord Windermere no esté aquí. Mr. Hopper también llega muy tarde. ¿Has guardado esos cinco bailes para él, Agatha? [*Baja*].

LADY AGATHA. Sí, mamá.

DUQUESA DE BERWICK. [*Sentada en el sofá*]. Déjame ver tu carnet de baile. Estoy tan contenta de que Lady Windermere haya reanudado la tradición del carnet de baile... Son la única salvaguarda de una madre. ¡Querida cosita sencilla que eres! [*Tacha dos nombres*]. ¡Ninguna buena muchacha debería bailar el vals con unos hijos tan particularmente jóvenes! ¡Parece tan rápido! Los dos últimos bailes podría pasarlos en la terraza con Mr. Hopper.

[*Entran* MR. DUMBY *y* LADY PLYMDALE *desde el salón de baile*].

LADY AGATHA. Sí, mamá.

DUQUESA DE BERWICK. [*Abanicándose*]. El aire es tan agradable allí.

PARKER. Mrs. Cowper-Cowper. Lady Stutfield. Sir James Royston. Mr. Guy Berkeley.

[*Estas personas entran según lo anunciado*].

DUMBY. Buenas noches, Lady Stutfield. ¿Supongo que ésta será la última gala de la temporada?

LADY STUTFIELD. Supongo que sí, Mr. Dumby. Ha sido una temporada encantadora, ¿verdad?

DUMBY. Quite delightful! Good evening, Duchess. I suppose this will be the last ball of the season?

DUCHESS OF BERWICK. I suppose so, Mr. Dumby. It has been a very dull season, hasn't it?

DUMBY. Dreadfully dull! Dreadfully dull!

MR. COWPER-COWPER. Good evening, Mr. Dumby. I suppose this will be the last ball of the season?

DUMBY. Oh, I think not. There'll probably be two more. [*Wanders back to* LADY PLYMDALE.]

PARKER. Mr. Rufford. Lady Jedburgh and Miss Graham. Mr. Hopper.

[*These people enter as announced.*]

HOPPER. How do you do, Lady Windermere? How do you do, Duchess? [*Bows to* LADY AGATHA.]

DUCHESS OF BERWICK. Dear Mr. Hopper, how nice of you to come so early. We all know how you are run after in London.

HOPPER. Capital place, London! They are not nearly so exclusive in London as they are in Sydney.

DUCHESS OF BERWICK. Ah! we know your value, Mr. Hopper. We wish there were more like you. It would make life so much easier. Do you know, Mr. Hopper, dear Agatha and I are so much interested in Australia. It must be so pretty with all the dear little kangaroos flying about. Agatha has found it on the map. What a curious shape it is! Just like a large packing case. However, it is a very young country, isn't it?

HOPPER. Wasn't it made at the same time as the others, Duchess?

DUCHESS OF BERWICK. How clever you are, Mr. Hopper. You have a cleverness quite of your own. Now I mustn't keep you.

Dumby. ¡Una delicia! Buenas noches, Duquesa. ¿Supongo que ésta será la última gala de la temporada?

Duquesa de Berwick. Supongo que sí, Mr. Dumby. Ha sido una temporada muy aburrida, ¿verdad?

Dumby. ¡Terriblemente aburrida! ¡Terriblemente aburrida!

Mr. Cowper-Cowper. Buenas noches, Mr. Dumby. ¿Supongo que ésta será la última gala de la temporada?

Dumby. Creo que no. Probablemente habrá dos más. [*Vuelve hacia* Lady Plymdale].

Parker. Mr. Rufford. Lady Jedburgh y Miss Graham. Mr. Hopper.

[*Estas personas entran según lo anunciado*].

Hopper. ¿Cómo está, Lady Windermere? ¿Cómo está usted, Duquesa? [*Se inclina ante* Lady Agatha].

Duquesa de Berwick. Querido Mr. Hopper, qué amable de su parte venir tan temprano. Todos sabemos cómo le persiguen en Londres.

Hopper. ¡Un lugar capital, Londres! En Londres no son tan exclusivos como en Sydney.

Duquesa de Berwick. ¡Ah! Conocemos su valor, Mr. Hopper. Desearíamos que hubiera más gente como usted. Nos haría la vida mucho más fácil. Sabe, Mr. Hopper, la querida Agatha y yo estamos muy interesadas en Australia. Debe ser tan bonita con todos los queridos canguros volando por ahí. Agatha la ha encontrado en el mapa. ¡Qué forma tan curiosa tiene! Como una gran caja de embalaje. Sin embargo, es un país muy joven, ¿verdad?

Hopper. ¿No se hizo al mismo tiempo que los otros, Duquesa?

Duquesa de Berwick. Qué listo es usted, Mr. Hopper. Tiene usted una astucia muy propia. Ahora no debo retenerle.

HOPPER. But I should like to dance with Lady Agatha, Duchess.

DUCHESS OF BERWICK. Well, I hope she has a dance left. Have you a dance left, Agatha?

LADY AGATHA. Yes, mamma.

DUCHESS OF BERWICK. The next one?

LADY AGATHA. Yes, mamma.

HOPPER. May I have the pleasure? [LADY AGATHA *bows.*]

DUCHESS OF BERWICK. Mind you take great care of my little chatterbox, Mr. Hopper.

[LADY AGATHA *and* MR. HOPPER *pass into ball-room.*]

[*Enter* LORD WINDERMERE.]

LORD WINDERMERE. Margaret, I want to speak to you.

LADY WINDERMERE. In a moment. [*The music drops.*]

PARKER. Lord Augustus Lorton.

[*Enter* LORD AUGUSTUS.]

LORD AUGUSTUS. Good evening, Lady Windermere.

DUCHESS OF BERWICK. Sir James, will you take me into the ball-room? Augustus has been dining with us to-night. I really have had quite enough of dear Augustus for the moment.

[SIR JAMES ROYSTON *gives the* DUCHESS *his arm and escorts her into the ball-room.*]

PARKER. Mr. and Mrs. Arthur Bowden. Lord and Lady Paisley. Lord Darlington.

Hopper. Pero me gustaría bailar con Lady Agatha, Duquesa.

Duquesa de Berwick. Espero que le quede un baile libre. ¿Te queda un baile libre, Agatha?

Lady Agatha. Sí, mamá.

Duquesa de Berwick. ¿El siguiente?

Lady Agatha. Sí, mamá.

Hopper. ¿Me concede el placer? [**Lady Agatha** *se inclina*].

Duquesa de Berwick. Tenga mucho cuidado con mi pequeña charlatana, Mr. Hopper.

[**Lady Agatha** *y* **Mr. Hopper** *pasan al salón de baile*].

[*Entra* **Lord Windermere**].

Lord Windermere. Margaret, quiero hablar contigo.

Lady Windermere. En un momento. [*Baja la música*].

Parker. Lord Augustus Lorton.

[*Entra* **Lord Augustus**].

Lord Augustus. Buenas noches, Lady Windermere.

Duquesa de Berwick. Sir James, ¿me acompaña al salón de baile? Augustus ha cenado con nosotros esta noche. Realmente ya he tenido bastante del querido Augustus por el momento.

[**Sir James Royston** *da el brazo a la* **Duquesa** *y la acompaña al salón de baile*].

Parker. Mr. Arthur Bowden y Mrs. Bowden. Lord y Lady Paisley. Lord Darlington.

[*These people enter as announced.*]

LORD AUGUSTUS. [*Coming up to* LORD WINDERMERE.] Want to speak to you particularly, dear boy. I'm worn to a shadow. Know I don't look it. None of us men do look what we really are. Demmed good thing, too. What I want to know is this. Who is she? Where does she come from? Why hasn't she got any demmed relations? Demmed nuisance, relations! But they make one so demmed respectable.

LORD WINDERMERE. You are talking of Mrs. Erlynne, I suppose? I only met her six months ago. Till then, I never knew of her existence.

LORD AUGUSTUS. You have seen a good deal of her since then.

LORD WINDERMERE. [*Coldly.*] Yes, I have seen a good deal of her since then. I have just seen her.

LORD AUGUSTUS. Egad! the women are very down on her. I have been dining with Arabella this evening! By Jove! you should have heard what she said about Mrs. Erlynne. She didn't leave a rag on her. . . . [*Aside.*] Berwick and I told her that didn't matter much, as the lady in question must have an extremely fine figure. You should have seen Arabella's expression! . . . But, look here, dear boy. I don't know what to do about Mrs. Erlynne. Egad! I might be married to her; she treats me with such demmed indifference. She's deuced clever, too! She explains everything. Egad! she explains you. She has got any amount of explanations for you—and all of them different.

LORD WINDERMERE. No explanations are necessary about my friendship with Mrs. Erlynne.

LORD AUGUSTUS. Hem! Well, look here, dear old fellow. Do you think she will ever get into this demmed thing called Society? Would you introduce her to your wife? No use beating about the confounded bush. Would you do that?

LORD WINDERMERE. Mrs. Erlynne is coming here to-night.

[*Estas personas entran según lo anunciado*].

Lord Augustus. [*Acercándose a* **Lord Windermere**]. Quiero hablar contigo en particular, querido muchacho. Estoy agotado como una sombra. Es cierto que no lo parezco. Ninguno de nosotros los hombres aparentamos lo que realmente somos. Eso es algo malditamente bueno, también. Lo que quiero saber es esto. ¿Quién es ella? ¿De dónde viene? ¿Por qué no tiene malditas relaciones? Maldita molestia, ¡las relaciones! Pero le hacen a uno tan malditamente respetable.

Lord Windermere. ¿Está hablando de Mrs. Erlynne, supongo? Sólo la conocí hace seis meses. Hasta entonces, nunca supe de su existencia.

Lord Augustus. La ha visto mucho desde entonces.

Lord Windermere. [*Fríamente*]. Sí, la he visto mucho desde entonces. Acabo de verla.

Lord Augustus. ¡Caramba! Las mujeres están muy enojadas con ella. ¡He estado cenando con Arabella esta noche! ¡Caramba! Deberías haber oído lo que dijo de Mrs. Erlynne. No le dejó un trapo encima… [*A un lado*]. Berwick y yo le dijimos que eso no importaba mucho, ya que la dama en cuestión debía tener una figura extremadamente fina. ¡Deberías haber visto la expresión de Arabella!… Pero, mira, querido muchacho. No sé qué hacer con Mrs. Erlynne. ¡Caramba! Podría estar casado con ella; me trata con tan maldita indiferencia. ¡Ella es muy inteligente, también! Ella lo explica todo. ¡Caramba! Ella te explica a ti. Ella tiene cualquier cantidad de explicaciones sobre ti… y todas ellas diferentes.

Lord Windermere. Las explicaciones sobre mi amistad con Mrs. Erlynne no son necesarias.

Lord Augustus. ¡Ejem! Bueno, mira, querido viejo amigo. ¿Crees que alguna vez ella entrará en esta maldita cosa llamada la buena sociedad? ¿Podrías presentarla a tu esposa? No sirve de nada andarse con rodeos. ¿Lo harías?

Lord Windermere. Mrs. Erlynne vendrá aquí esta noche.

Lord Augustus. Your wife has sent her a card?

Lord Windermere. Mrs. Erlynne has received a card.

Lord Augustus. Then she's all right, dear boy. But why didn't you tell me that before? It would have saved me a heap of worry and demmed misunderstandings!

[**Lady Agatha** *and* **Mr. Hopper** *cross and exit on terrace L.U.E.*]

Parker. Mr. Cecil Graham!

[*Enter* **Mr. Cecil Graham.**]

Cecil Graham. [*Bows to* **Lady Windermere**, *passes over and shakes hands with* **Lord Windermere**.] Good evening, Arthur. Why don't you ask me how I am? I like people to ask me how I am. It shows a widespread interest in my health. Now, to-night I am not at all well. Been dining with my people. Wonder why it is one's people are always so tedious? My father would talk morality after dinner. I told him he was old enough to know better. But my experience is that as soon as people are old enough to know better, they don't know anything at all. Hallo, Tuppy! Hear you're going to be married again; thought you were tired of that game.

Lord Augustus. You're excessively trivial, my dear boy, excessively trivial!

Cecil Graham. By the way, Tuppy, which is it? Have you been twice married and once divorced, or twice divorced and once married? I say you've been twice divorced and once married. It seems so much more probable.

Lord Augustus. I have a very bad memory. I really don't remember which. [*Moves away R.*]

Lady Plymdale. Lord Windermere, I've something most particular to ask you.

Lord Augustus. ¿Tu esposa le ha enviado una tarjeta?

Lord Windermere. Mrs. Erlynne ha recibido una tarjeta.

Lord Augustus. Entonces está bien, querido muchacho. Pero, ¿por qué no me lo dijiste antes? ¡Me habría ahorrado un montón de preocupaciones y malditos malentendidos!

[Lady Agatha y Mr. Hopper *cruzan y salen por la terraza a la izquierda*].

Parker. ¡Mr. Cecil Graham!

[*Entra* Mr. Cecil Graham].

Cecil Graham. [*Hace una reverencia a* Lady Windermere, *pasa y estrecha la mano de* Lord Windermere]. Buenas noches, Arthur. ¿Por qué no me preguntas cómo estoy? Me gusta que la gente me pregunte cómo estoy. Demuestra un gran interés por mi salud. Ahora bien, esta noche no estoy nada bien. He estado cenando con mi familia. Me pregunto por qué la familia de uno es siempre tan tediosa. Mi padre hablaba de moral después de cenar. Le dije que ya era mayor para saberlo mejor. Pero mi experiencia es que tan pronto como la gente es lo bastante mayor para saber más, no sabe nada en absoluto. ¡Hola, Tuppy! He oído que vas a casarte otra vez; creía que estabas cansado de ese juego.

Lord Augustus. Eres excesivamente trivial, querido muchacho, ¡excesivamente trivial!

Cecil Graham. Por cierto, Tuppy, ¿cómo es? ¿Has estado dos veces casado y una divorciado, o dos veces divorciado y una casado? Yo digo que has estado dos veces divorciado y una vez casado. Parece mucho más probable.

Lord Augustus. Tengo muy mala memoria. Realmente no recuerdo cómo es. [*Se aleja hacia la derecha*].

Lady Plymdale. Lord Windermere, tengo algo muy especial que preguntarle.

OSCAR WILDE

LORD WINDERMERE. I am afraid—if you will excuse me—I must join my wife.

LADY PLYMDALE. Oh, you mustn't dream of such a thing. It's most dangerous nowadays for a husband to pay any attention to his wife in public. It always makes people think that he beats her when they're alone. The world has grown so suspicious of anything that looks like a happy married life. But I'll tell you what it is at supper. [*Moves towards door of ball-room.*]

LORD WINDERMERE. [*C.*] Margaret! I *must* speak to you.

LADY WINDERMERE. Will you hold my fan for me, Lord Darlington? Thanks. [*Comes down to him.*]

LORD WINDERMERE. [*Crossing to her.*] Margaret, what you said before dinner was, of course, impossible?

LADY WINDERMERE. That woman is not coming here to-night!

LORD WINDERMERE. [*R.C.*] Mrs. Erlynne is coming here, and if you in any way annoy or wound her, you will bring shame and sorrow on us both. Remember that! Ah, Margaret! only trust me! A wife should trust her husband!

LADY WINDERMERE. [*C.*] London is full of women who trust their husbands. One can always recognise them. They look so thoroughly unhappy. I am not going to be one of them. [*Moves up.*] Lord Darlington, will you give me back my fan, please? Thanks.... A useful thing a fan, isn't it? ... I want a friend to-night, Lord Darlington: I didn't know I would want one so soon.

LORD DARLINGTON. Lady Windermere! I knew the time would come some day; but why to-night?

LORD WINDERMERE. I *will* tell her. I must. It would be terrible if there were any scene. Margaret ...

PARKER. Mrs. Erlynne!

Lord Windermere. Me temo, si me disculpa, que debo reunirme con mi esposa.

Lady Plymdale. Oh, no debe soñar con tal cosa. Es muy peligroso hoy en día que un marido preste atención a su mujer en público. Siempre hace pensar a la gente que él la golpea cuando están a solas. El mundo se ha vuelto tan receloso de cualquier cosa que parezca una feliz vida matrimonial. Pero le diré de lo que quiero hablar en la cena. [*Se mueve hacia la puerta del salón de baile*].

Lord Windermere. [*En el centro*]. ¡Margaret! *Debo* hablar contigo.

Lady Windermere. ¿Me sostiene el abanico, Lord Darlington? Gracias. [*Viene hacia él*].

Lord Windermere. [*Cruzando hacia ella*]. Margaret, lo que dijiste antes de la cena era, por supuesto, imposible...

Lady Windermere. ¡Esa mujer no vendrá aquí esta noche!

Lord Windermere. [*A la derecha, hacia el centro*]. Mrs. Erlynne va a venir aquí, y si de algún modo la molestas o la hieres, nos traerá vergüenza y dolor a ambos. ¡Recuérdalo! ¡Ah, Margaret! ¡Sólo confía en mí! ¡Una esposa debe confiar en su marido!

Lady Windermere. [*En el centro*]. Londres está lleno de mujeres que confían en sus maridos. Una siempre puede reconocerlas. Parecen tan completamente infelices. Yo no voy a ser una de ellas. [*Se acerca*]. Lord Darlington, ¿me devuelve mi abanico, por favor? Gracias... Una cosa útil un abanico, ¿no?... Quiero un amigo esta noche, Lord Darlington... No sabía que querría uno tan pronto.

Lord Darlington. ¡Lady Windermere! Sabía que algún día llegaría el momento; pero ¿por qué esta noche?

Lord Windermere. Se lo diré yo. Debo hacerlo. Sería terrible si hubiera alguna escena. Margaret...

Parker. ¡Mrs. Erlynne!

[LORD WINDERMERE *starts*. MRS. ERLYNNE *enters, very beautifully dressed and very dignified*. LADY WINDERMERE *clutches at her fan, then lets it drop on the door. She bows coldly to* MRS. ERLYNNE, *who bows to her sweetly in turn, and sails into the room*.]

LORD DARLINGTON. You have dropped your fan, Lady Windermere. [*Picks it up and hands it to her*.]

MRS. ERLYNNE. [*C*.] How do you do, again, Lord Windermere? How charming your sweet wife looks! Quite a picture!

LORD WINDERMERE. [*In a low voice*.] It was terribly rash of you to come!

MRS. ERLYNNE. [*Smiling*.] The wisest thing I ever did in my life. And, by the way, you must pay me a good deal of attention this evening. I am afraid of the women. You must introduce me to some of them. The men I can always manage. How do you do, Lord Augustus? You have quite neglected me lately. I have not seen you since yesterday. I am afraid you're faithless. Every one told me so.

LORD AUGUSTUS. [*R*.] Now really, Mrs. Erlynne, allow me to explain.

MRS. ERLYNNE. [*R.C.*] No, dear Lord Augustus, you can't explain anything. It is your chief charm.

LORD AUGUSTUS. Ah! if you find charms in me, Mrs. Erlynne—

[*They converse together*. LORD WINDERMERE *moves uneasily about the room watching* MRS. ERLYNNE.]

LORD DARLINGTON. [*To* LADY WINDERMERE.] How pale you are!

LADY WINDERMERE. Cowards are always pale!

LORD DARLINGTON. You look faint. Come out on the terrace.

LADY WINDERMERE. Yes. [*To* PARKER.] Parker, send my cloak out.

[Lord Windermere *se sobresalta. Entra* Mrs. Erlynne, *muy bien vestida y muy digna.* Lady Windermere *se aferra a su abanico y luego lo deja caer sobre la puerta. Se inclina fríamente ante* Mrs. Erlynne, *que a su vez se inclina dulcemente ante ella, y entra en la sala*].

Lord Darlington. Se le ha caído el abanico, Lady Windermere. [*Lo recoge y se lo entrega*].

Mrs. Erlynne. [*En el centro*]. ¿Cómo está usted, una vez más, Lord Windermere? ¡Qué encantadora está su dulce esposa! ¡Parece una pintura!

Lord Windermere. [*En voz baja*]. ¡Ha sido terriblemente imprudente de su parte al venir aquí!

Mrs. Erlynne. [*Sonriendo*]. Lo más sabio que he hecho en mi vida. Y, por cierto, debe prestarme mucha atención esta noche. Tengo miedo de las mujeres. Debe presentarme a algunas de ellas. Con los hombres siempre puedo arreglármelas. ¿Cómo está usted, Lord Augustus? Me ha descuidado bastante últimamente. No le he visto desde ayer. Me temo que es infiel. Todos me lo han dicho.

Lord Augustus. [*A la derecha*]. Ahora bien... realmente, Mrs. Erlynne, permítame explicarle.

Mrs. Erlynne. [*A la derecha, hacia el centro*]. No, querido Lord Augustus, usted no puede explicar nada. Es su principal encanto.

Lord Augustus. ¡Ah! Si encuentra encantos en mí, Mrs. Erlynne...

[*Conversan juntos.* Lord Windermere *se mueve inquieto por la habitación observando a* Mrs. Erlynne].

Lord Darlington. [*A* Lady Windermere]. ¡Qué pálida está!

Lady Windermere. ¡Los cobardes siempre están pálidos!

Lord Darlington. Se ve débil. Salga a la terraza.

Lady Windermere. Sí. [*A* Parker]. Parker, envía a por mi capa.

Mrs. Erlynne. [*Crossing to her.*] Lady Windermere, how beautifully your terrace is illuminated. Reminds me of Prince Doria's at Rome.

[**Lady Windermere** *bows coldly, and goes off with* **Lord Darlington.**]

Oh, how do you do, Mr. Graham? Isn't that your aunt, Lady Jedburgh? I should so much like to know her.

Cecil Graham. [*After a moment's hesitation and embarrassment.*] Oh, certainly, if you wish it. Aunt Caroline, allow me to introduce Mrs. Erlynne.

Mrs. Erlynne. So pleased to meet you, Lady Jedburgh. [*Sits beside her on the sofa.*] Your nephew and I are great friends. I am so much interested in his political career. I think he's sure to be a wonderful success. He thinks like a Tory, and talks like a Radical, and that's so important nowadays. He's such a brilliant talker, too. But we all know from whom he inherits that. Lord Allandale was saying to me only yesterday, in the Park, that Mr. Graham talks almost as well as his aunt.

Lady Jedburgh. [*R.*] Most kind of you to say these charming things to me! [**Mrs. Erlynne** *smiles, and continues conversation.*]

Dumby. [*To* **Cecil Graham.**] Did you introduce Mrs. Erlynne to Lady Jedburgh?

Cecil Graham. Had to, my dear fellow. Couldn't help it! That woman can make one do anything she wants. How, I don't know.

Dumby. Hope to goodness she won't speak to me! [*Saunters towards* **Lady Plymdale.**]

Mrs. Erlynne. [*C. To* **Lady Jedburgh.**] On Thursday? With great pleasure. [*Rises, and speaks to* **Lord Windermere**, *laughing.*] What a bore it is to have to be civil to these old dowagers! But they always insist on it!

Lady Plymdale. [*To* **Mr. Dumby.**] Who is that well-dressed woman talk-

Mrs. Erlynne. [*Cruzando hacia ella*]. Lady Windermere, qué bellamente iluminada está su terraza. Me recuerda a la del Príncipe Doria en Roma.

[Lady Windermere *hace una fría reverencia y se marcha con* Lord Darlington].

¿Cómo está usted, Mr. Graham? ¿No es ésa su tía, Lady Jedburgh? Me gustaría tanto conocerla.

Cecil Graham. [*Tras un momento de vacilación y vergüenza*]. Oh, desde luego, si usted lo desea. Tía Caroline, permíteme presentarte a Mrs. Erlynne.

Mrs. Erlynne. Encantada de conocerla, Lady Jedburgh. [*Se sienta a su lado en el sofá*]. Su sobrino y yo somos grandes amigos. Estoy muy interesada en su carrera política. Creo que seguro que tendrá un gran éxito. Piensa como un Tory, y habla como un Radical, y eso es tan importante hoy en día. Además, es un orador brillante. Pero todos sabemos de quién hereda eso. Lord Allandale me decía ayer mismo, en el parque, que Mr. Graham habla casi tan bien como su tía.

Lady Jedburgh. [*A la derecha*]. ¡Muy amable de su parte decirme estas cosas tan encantadoras! [Mrs. Erlynne *sonríe, y continúa la conversación*].

Dumby. [*A* Cecil Graham]. ¿Le presentaste Mrs. Erlynne a Lady Jedburgh?

Cecil Graham. Tuve que hacerlo, querido amigo. No pude evitarlo. Esa mujer puede hacer que uno haga lo que ella quiere. Cómo, no lo sé.

Dumby. ¡Espero por Dios que no me hable! [*Se pasea hacia* Lady Plymdale].

Mrs. Erlynne. [*En el centro. A* Lady Jedburgh]. ¿El jueves? Con mucho gusto. [*Se pone de pie y habla con* Lord Windermere, *riendo*]. ¡Qué aburrido es tener que ser cortés con estas viejas viudas! ¡Pero siempre insisten en ello!

Lady Plymdale. [*A* Mr. Dumby]. ¿Quién es esa mujer tan bien vestida que

ing to Windermere?

DUMBY. Haven't got the slightest idea! Looks like an *édition de luxe* of a wicked French novel, meant specially for the English market.

MRS. ERLYNNE. So that is poor Dumby with Lady Plymdale? I hear she is frightfully jealous of him. He doesn't seem anxious to speak to me to-night. I suppose he is afraid of her. Those straw-coloured women have dreadful tempers. Do you know, I think I'll dance with you first, Windermere. [LORD WINDERMERE *bites his lip and frowns.*] It will make Lord Augustus so jealous! Lord Augustus! [LORD AUGUSTUS *comes down.*] Lord Windermere insists on my dancing with him first, and, as it's his own house, I can't well refuse. You know I would much sooner dance with you.

LORD AUGUSTUS. [*With a low bow.*] I wish I could think so, Mrs. Erlynne.

MRS. ERLYNNE. You know it far too well. I can fancy a person dancing through life with you and finding it charming.

LORD AUGUSTUS. [*Placing his hand on his white waistcoat.*] Oh, thank you, thank you. You are the most adorable of all ladies!

MRS. ERLYNNE. What a nice speech! So simple and so sincere! Just the sort of speech I like. Well, you shall hold my bouquet. [*Goes towards ball-room on* LORD WINDERMERE'S *arm.*] Ah, Mr. Dumby, how are you? I am so sorry I have been out the last three times you have called. Come and lunch on Friday.

DUMBY. [*With perfect nonchalance.*] Delighted!

[LADY PLYMDALE *glares with indignation at* MR. DUMBY. LORD AUGUSTUS *follows* MRS. ERLYNNE *and* LORD WINDERMERE *into the ball-room holding bouquet.*]

LADY PLYMDALE. [*To* MR. DUMBY.] What an absolute brute you are! I never can believe a word you say! Why did you tell me you didn't know her? What do you mean by calling on her three times running? You are not to go to lunch there; of course you understand that?

habla con Windermere?

Dumby. ¡No tengo la menor idea! Parece una *édition de luxe* de una perversa novela francesa, pensada especialmente para el mercado inglés.

Mrs. Erlynne. ¿Así que ese es el pobre Dumby con Lady Plymdale? He oído que está terriblemente celosa de él. No parece ansioso por hablar conmigo esta noche. Supongo que le tiene miedo. Esas mujeres pajizas tienen un temperamento espantoso. Sabe, creo que bailaré con usted primero, Windermere. [Lord Windermere *se muerde el labio y frunce el ceño*]. ¡Eso hara que Lord Augustus se ponga tan celoso! ¡Lord Augustus! [Lord Augustus *viene*]. Lord Windermere insiste en que baile con él primero y, como es su propia casa, no puedo negarme. Usted sabe que preferiría bailar antes con usted.

Lord Augustus. [*Con una reverencia profunda*]. Ojalá pudiera pensar así, Mrs. Erlynne.

Mrs. Erlynne. Usted lo sabe demasiado bien. Me imagino a una persona bailando por la vida con usted y encontrándolo encantador.

Lord Augustus. [*Colocando su mano sobre su chaleco blanco*]. Oh, gracias, gracias. ¡Usted es la más adorable de todas las damas!

Mrs. Erlynne. ¡Qué bonito discurso! ¡Tan simple y tan sincero! Justo el tipo de discurso que me gusta. Bien, sostendrá mi ramo. [*Va hacia el salón de baile del brazo de* Lord Windermere]. Ah, Mr. Dumby, ¿cómo está? Siento mucho haber estado fuera las tres últimas veces que me ha visitado. Venga a almorzar el viernes.

Dumby. [*Con perfecta despreocupación*]. ¡Encantado!

[Lady Plymdale *mira con indignación a* Mr. Dumby. Lord Augustus *sigue a* Mrs. Erlynne *y a* Lord Windermere *al salón de baile con el ramo en la mano*].

Lady Plymdale. [*A* Mr. Dumby]. ¡Qué absoluto bruto eres! ¡Nunca puedo creer una palabra de lo que dices! ¿Por qué me dijiste que no la conocías? ¿Qué quieres decir visitándola tres veces seguidas? No debes ir a comer allí; por supuesto, ¿lo entiendes?

Dumby. My dear Laura, I wouldn't dream of going!

Lady Plymdale. You haven't told me her name yet! Who is she?

Dumby. [*Coughs slightly and smooths his hair.*] She's a Mrs. Erlynne.

Lady Plymdale. That woman!

Dumby. Yes; that is what every one calls her.

Lady Plymdale. How very interesting! How intensely interesting! I really must have a good stare at her. [*Goes to door of ball-room and looks in.*] I have heard the most shocking things about her. They say she is ruining poor Windermere. And Lady Windermere, who goes in for being so proper, invites her! How extremely amusing! It takes a thoroughly good woman to do a thoroughly stupid thing. You are to lunch there on Friday!

Dumby. Why?

Lady Plymdale. Because I want you to take my husband with you. He has been so attentive lately, that he has become a perfect nuisance. Now, this woman is just the thing for him. He'll dance attendance upon her as long as she lets him, and won't bother me. I assure you, women of that kind are most useful. They form the basis of other people's marriages.

Dumby. What a mystery you are!

Lady Plymdale. [*Looking at him.*] I wish *you* were!

Dumby. I am—to myself. I am the only person in the world I should like to know thoroughly; but I don't see any chance of it just at present.

[*They pass into the ball-room, and* **Lady Windermere** *and* **Lord Darlington** *enter from the terrace.*]

Lady Windermere. Yes. Her coming here is monstrous, unbearable. I know now what you meant to-day at tea-time. Why didn't you tell

Dumby. ¡Mi querida Laura, ni sueño con ir!

Lady Plymdale. ¡Aún no me has dicho su nombre! ¿Quién es ella?

Dumby. [*Tose ligeramente y se alisa el pelo*]. Es una tal Mrs. Erlynne.

Lady Plymdale. ¡Esa mujer!

Dumby. Sí; así la llama todo el mundo.

Lady Plymdale. ¡Qué interesante! ¡Qué increíblemente interesante! Realmente debo echarle un buen vistazo. [*Va a la puerta del salón de baile y mira dentro*]. He oído las cosas más espantosas sobre ella. Dicen que está arruinando al pobre Windermere. ¡Y Lady Windermere, que es considerada tan correcta, la invita! ¡Es extremadamente divertido! Se necesita una mujer completamente buena para hacer una cosa completamente estúpida. ¡Tú vas a almorzar allí el viernes!

Dumby. ¿Por qué?

Lady Plymdale. Porque quiero que lleves a mi marido contigo. Él ha estado tan atento últimamente, que se ha convertido en una molestia total. Ahora bien, esta mujer es justo lo que necesita. Bailará tras ella, atendiéndola mientras ella se lo permita, y no me molestará. Te aseguro que las mujeres de ese tipo son muy útiles. Son la base de los matrimonios de otras personas.

Dumby. ¡Qué misterio que eres!

Lady Plymdale. [*Mirándole*]. ¡Ojalá lo fueras *tú!*

Dumby. Lo soy... para mí mismo. Soy la única persona del mundo a la que me gustaría conocer a fondo; pero no veo ninguna posibilidad de ello por el momento.

[*Pasan al salón de baile, y* Lady Windermere *y* Lord Darlington *entran desde la terraza*].

Lady Windermere. Sí. Su venida aquí es monstruosa, insoportable. Ahora sé lo que quería decir usted hoy, a la hora del té. ¿Por qué no me lo dijo

me right out? You should have!

LORD DARLINGTON. I couldn't! A man can't tell these things about another man! But if I had known he was going to make you ask her here to-night, I think I would have told you. That insult, at any rate, you would have been spared.

LADY WINDERMERE. I did not ask her. He insisted on her coming—against my entreaties—against my commands. Oh! the house is tainted for me! I feel that every woman here sneers at me as she dances by with my husband. What have I done to deserve this? I gave him all my life. He took it—used it—spoiled it! I am degraded in my own eyes; and I lack courage—I am a coward! [*Sits down on sofa.*]

LORD DARLINGTON. If I know you at all, I know that you can't live with a man who treats you like this! What sort of life would you have with him? You would feel that he was lying to you every moment of the day. You would feel that the look in his eyes was false, his voice false, his touch false, his passion false. He would come to you when he was weary of others; you would have to comfort him. He would come to you when he was devoted to others; you would have to charm him. You would have to be to him the mask of his real life, the cloak to hide his secret.

LADY WINDERMERE. You are right—you are terribly right. But where am I to turn? You said you would be my friend, Lord Darlington.—Tell me, what am I to do? Be my friend now.

LORD DARLINGTON. Between men and women there is no friendship possible. There is passion, enmity, worship, love, but no friendship. I love you—

LADY WINDERMERE. No, no! [*Rises.*]

LORD DARLINGTON. Yes, I love you! You are more to me than anything in the whole world. What does your husband give you? Nothing. Whatever is in him he gives to this wretched woman, whom he has thrust into your society, into your home, to shame you before every one. I offer you my life—

directamente? Debería haberlo hecho.

Lord Darlington. ¡No podría! ¡Un hombre no puede contar estas cosas sobre otro hombre! Pero si hubiera sabido que iba a hacer que la invitara aquí esta noche, creo que se lo habría dicho. Ese insulto, en todo caso, se lo habría ahorrado.

Lady Windermere. No la invité. Él insistió en que viniera, contra mis ruegos, contra mis órdenes. ¡Oh! ¡La casa está manchada para mí! Siento que todas las mujeres de aquí se ríen de mí cuando ella pasa bailando con mi marido. ¿Qué he hecho para merecer esto? Yo le di toda mi vida a él. Él la tomó... la usó... ¡la mancilló! Estoy degradada ante mis propios ojos; y carezco de valor... ¡soy una cobarde! [Se *sienta en el sofá*].

Lord Darlington. ¡Si la conozco en algo, sé que usted no puede vivir con un hombre que la trata así! ¿Qué clase de vida tendría con él? Sentiría que le miente a cada momento del día. Sentiría que su mirada es falsa, su voz falsa, su tacto falso, su pasión falsa. Acudiría a usted cuando estuviera cansado de las demás; usted tendría que consolarle. Vendría a usted cuando estuviera entregado a las demás; usted tendría que encantarle. Usted tendría que ser para él la máscara de su vida real, el manto para ocultar su secreto.

Lady Windermere. Tiene usted razón, tiene usted toda la razón. Pero, ¿adónde voy a ir? Usted dijo que sería mi amigo, Lord Darlington. Dígame, ¿qué debo hacer? Sea mi amigo ahora.

Lord Darlington. Entre hombres y mujeres no hay amistad posible. Hay pasión, enemistad, adoración, amor, pero no amistad. Te amo...

Lady Windermere. ¡No, no!

Lord Darlington. ¡Sí, te amo! Usted es para mí más que nada en el mundo entero. ¿Qué le da su marido? Nada. Lo que hay en él se lo da a esta desdichada mujer, a la que ha metido en su sociedad, en su casa, para avergonzarla ante todos. Yo le ofrezco mi vida...

LADY WINDERMERE. Lord Darlington!

LORD DARLINGTON. My life—my whole life. Take it, and do with it what you will. . . . I love you—love you as I have never loved any living thing. From the moment I met you I loved you, loved you blindly, adoringly, madly! You did not know it then—you know it now! Leave this house to-night. I won't tell you that the world matters nothing, or the world's voice, or the voice of society. They matter a great deal. They matter far too much. But there are moments when one has to choose between living one's own life, fully, entirely, completely—or dragging out some false, shallow, degrading existence that the world in its hypocrisy demands. You have that moment now. Choose! Oh, my love, choose.

LADY WINDERMERE. [*Moving slowly away from him, and looking at him with startled eyes.*] I have not the courage.

LORD DARLINGTON. [*Following her.*] Yes; you have the courage. There may be six months of pain, of disgrace even, but when you no longer bear his name, when you bear mine, all will be well. Margaret, my love, my wife that shall be some day—yes, my wife! You know it! What are you now? This woman has the place that belongs by right to you. Oh! go—go out of this house, with head erect, with a smile upon your lips, with courage in your eyes. All London will know why you did it; and who will blame you? No one. If they do, what matter? Wrong? What is wrong? It's wrong for a man to abandon his wife for a shameless woman. It is wrong for a wife to remain with a man who so dishonours her. You said once you would make no compromise with things. Make none now. Be brave! Be yourself!

LADY WINDERMERE. I am afraid of being myself. Let me think! Let me wait! My husband may return to me. [*Sits down on sofa.*]

LORD DARLINGTON. And you would take him back! You are not what I thought you were. You are just the same as every other woman. You would stand anything rather than face the censure of a world, whose praise you would despise. In a week you will be driving with this woman in the Park. She will be your constant guest—your dearest friend. You would endure anything rather than break with one blow this monstrous tie. You are right. You have no courage; none!

Lady Windermere. ¡Lord Darlington!

Lord Darlington. Mi vida... toda mi vida. Tómala y haz con ella lo que quieras... Te amo... te amo como nunca he amado a ningún ser vivo. Desde el momento en que te conocí te amé, ¡te amé ciegamente, con adoración, con locura! No lo sabías entonces... ¡lo sabes ahora! Abandona esta casa esta noche. No te diré que el mundo no importa nada, ni la voz del mundo, ni la voz de la sociedad. Importan mucho. Importan demasiado. Pero hay momentos en los que uno tiene que elegir entre vivir su propia vida, plena, enteramente, completamente, o arrastrar una existencia falsa, superficial y degradante que el mundo en su hipocresía exige. Tú tienes ese momento ahora. Elige. Oh, amor mío, elige.

Lady Windermere. [*Se aleja lentamente de él y le mira con ojos sobresaltados*]. No tengo valor.

Lord Darlington. [*Siguiéndola*]. Sí; tienes el valor. Puede que haya seis meses de dolor, de desgracia incluso, pero cuando ya no lleves su nombre, cuando lleves el mío, todo estará bien. Margaret, mi amor, mi esposa, que algún día serás... ¡Sí, mi esposa! ¡Tú lo sabes! ¿Qué eres ahora? Esta mujer tiene el lugar que te pertenece por derecho. ¡Oh! Sal de esta casa, con la cabeza erguida, con una sonrisa en los labios, con coraje en los ojos. Todo Londres sabrá por qué lo hiciste; ¿y quién te culpará? Nadie. Y si lo hacen, ¿qué importa? ¿Está mal? ¿Qué está mal? Está mal que un hombre abandone a su esposa por una desvergonzada. Está mal que una esposa permanezca con un hombre que la deshonra tanto. Una vez dijiste que no harías concesiones con las cosas. No hagas ninguna ahora. ¡Sé valiente! ¡Sé tu misma!

Lady Windermere. Tengo miedo de ser yo misma. ¡Déjeme pensar! ¡Déjeme esperar! Puede que mi marido vuelva a mí. [*Se sienta en el sofá*].

Lord Darlington. ¡Y tú te lo aceptarías de vuelta! No eres lo que yo creía. Eres igual que cualquier otra mujer. Soportarías cualquier cosa antes que enfrentarte a la censura de un mundo cuyos elogios despreciarías. En una semana estarás paseando con esta mujer en el parque. Serás su invitada constante... su amiga más querida. Tú soportarías cualquier cosa antes que romper de un golpe este monstruoso lazo. Tienes razón. No tienes valor; ¡ninguno!

LADY WINDERMERE. Ah, give me time to think. I cannot answer you now. [*Passes her hand nervously over her brow.*]

LORD DARLINGTON. It must be now or not at all.

LADY WINDERMERE. [*Rising from the sofa.*] Then, not at all! [*A pause.*]

LORD DARLINGTON. You break my heart!

LADY WINDERMERE. Mine is already broken. [*A pause.*]

LORD DARLINGTON. To-morrow I leave England. This is the last time I shall ever look on you. You will never see me again. For one moment our lives met—our souls touched. They must never meet or touch again. Good-bye, Margaret. [*Exit.*]

LADY WINDERMERE. How alone I am in life! How terribly alone!

[*The music stops. Enter the* **DUCHESS OF BERWICK** *and* **LORD PAISLEY** *laughing and talking. Other guests come on from ball-room.*]

DUCHESS OF BERWICK. Dear Margaret, I've just been having such a delightful chat with Mrs. Erlynne. I am so sorry for what I said to you this afternoon about her. Of course, she must be all right if *you* invite her. A most attractive woman, and has such sensible views on life. Told me she entirely disapproved of people marrying more than once, so I feel quite safe about poor Augustus. Can't imagine why people speak against her. It's those horrid nieces of mine—the Saville girls—they're always talking scandal. Still, I should go to Homburg, dear, I really should. She is just a little too attractive. But where is Agatha? Oh, there she is: [**LADY AGATHA** *and* **MR. HOPPER** *enter from terrace L.U.E.*] Mr. Hopper, I am very, very angry with you. You have taken Agatha out on the terrace, and she is so delicate.

HOPPER. Awfully sorry, Duchess. We went out for a moment and then got chatting together.

DUCHESS OF BERWICK. [*C.*] Ah, about dear Australia, I suppose?

Lady Windermere. Ah, deme tiempo para pensar. No puedo responderle ahora. [*Se pasa la mano nerviosamente por la frente*].

Lord Darlington. Debe ser ahora o nunca.

Lady Windermere. [*Levantándose del sofá*]. ¡Entonces, nunca! [*Una pausa*].

Lord Darlington. ¡Me rompe el corazón!

Lady Windermere. El mío ya está roto. [*Una pausa*].

Lord Darlington. Mañana dejo Inglaterra. Esta es la última vez que la veré. Nunca volverá a verme. Por un momento nuestras vidas se encontraron... nuestras almas se tocaron. Nunca deben encontrarse o tocarse de nuevo. Adiós, Margaret. [*Sale*].

Lady Windermere. ¡Qué sola estoy en la vida! ¡Qué terriblemente sola!

[*La música se detiene. Entran la* Duquesa de Berwick *y* Lord Paisley *riendo y hablando. Otros invitados vienen del salón de baile*].

Duquesa de Berwick. Querida Margaret, acabo de tener una charla encantadora con Mrs. Erlynne. Siento mucho lo que te dije esta tarde sobre ella. Por supuesto, debe ser alguien correcto si *tú* la invitas. Una mujer de lo más atractiva, y tiene unos puntos de vista tan sensatos sobre la vida. Me dijo que desaprobaba totalmente que la gente se case más de una vez, así que me siento bastante segura respecto al pobre Augustus. No puedo imaginar por qué la gente habla en contra de ella. Son esas horribles sobrinas mías, las muchachas Saville, siempre hablando de escándalos. Aún así, yo debería ir a Homburg, querida, realmente debería. Ella es demasiado atractiva. Pero, ¿dónde está Agatha? Oh, ahí está... [Lady Agatha *y* Mr. Hopper *entran desde la terraza a la izquierda*]. Mr. Hopper, estoy muy, muy enfadada con usted. Ha sacado a Agatha a la terraza, y ella es tan delicada.

Hopper. Lo siento mucho, Duquesa. Salimos un momento y luego nos pusimos a charlar.

Duquesa de Berwick. [*En el centro*]. Ah, ¿sobre la querida Australia, supongo?

HOPPER. Yes!

DUCHESS OF BERWICK. Agatha, darling! [*Beckons her over.*]

LADY AGATHA. Yes, mamma!

DUCHESS OF BERWICK. [*Aside.*] Did Mr. Hopper definitely—

LADY AGATHA. Yes, mamma.

DUCHESS OF BERWICK. And what answer did you give him, dear child?

LADY AGATHA. Yes, mamma.

DUCHESS OF BERWICK. [*Affectionately.*] My dear one! You always say the right thing. Mr. Hopper! James! Agatha has told me everything. How cleverly you have both kept your secret.

HOPPER. You don't mind my taking Agatha off to Australia, then, Duchess?

DUCHESS OF BERWICK. [*Indignantly.*] To Australia? Oh, don't mention that dreadful vulgar place.

HOPPER. But she said she'd like to come with me.

DUCHESS OF BERWICK. [*Severely.*] Did you say that, Agatha?

LADY AGATHA. Yes, mamma.

DUCHESS OF BERWICK. Agatha, you say the most silly things possible. I think on the whole that Grosvenor Square would be a more healthy place to reside in. There are lots of vulgar people live in Grosvenor Square, but at any rate there are no horrid kangaroos crawling about. But we'll talk about that to-morrow. James, you can take Agatha down. You'll come to lunch, of course, James. At half-past one, instead of two. The Duke will wish to say a few words to you, I am sure.

HOPPER. I should like to have a chat with the Duke, Duchess. He has

Hopper. ¡Sí!

Duquesa de Berwick. ¡Agatha, querida! [*Le hace señas para que se acerque*].

Lady Agatha. ¡Sí, mamá!

Duquesa de Berwick. [*A un lado*]. ¿Mr. Hopper definitivamente...?

Lady Agatha. Sí, mamá.

Duquesa de Berwick. ¿Y qué respuesta le diste, querida niña?

Lady Agatha. Sí, mamá.

Duquesa de Berwick. [*Afectuosamente*]. ¡Mi querida! Siempre dices lo correcto. ¡Mr. Hopper! ¡James! Agatha me lo ha contado todo. Qué hábilmente han guardado el secreto.

Hopper. ¿No le importa que me lleve a Agatha a Australia, entonces, Duquesa?

Duquesa de Berwick. [*Indignada*]. ¿A Australia? Oh, no mencione ese espantoso y vulgar lugar.

Hopper. Pero ella dijo que le gustaría venir conmigo.

Duquesa de Berwick. [*Severamente*]. ¿Has dicho eso, Agatha?

Lady Agatha. Sí, mamá.

Duquesa de Berwick. Agatha, dices las mayores tonterías posibles. Creo que, en general, Grosvenor Square sería un lugar más saludable para residir. En Grosvenor Square vive mucha gente vulgar, pero en cualquier caso no hay horribles canguros arrastrándose por ahí. Pero de eso hablaremos mañana. James, puedes acompañar a Agatha a la salida. Vendrás a almorzar, por supuesto, James. A la una y media, en vez de a las dos. El Duque deseará decirte unas palabras, de eso estoy segura.

Hopper. Me gustaría charlar con el Duque, Duquesa. Aún no me ha dicho

not said a single word to me yet.

Duchess of Berwick. I think you'll find he will have a great deal to say to you to-morrow. [*Exit* **Lady Agatha** *with* **Mr. Hopper**.] And now good-night, Margaret. I'm afraid it's the old, old story, dear. Love—well, not love at first sight, but love at the end of the season, which is so much more satisfactory.

Lady Windermere. Good-night, Duchess.

[*Exit the* **Duchess of Berwick** *on* **Lord Paisley**'s *arm*.]

Lady Plymdale. My dear Margaret, what a handsome woman your husband has been dancing with! I should be quite jealous if I were you! Is she a great friend of yours?

Lady Windermere. No!

Lady Plymdale. Really? Good-night, dear. [*Looks at* **Mr. Dumby** *and exit*.]

Dumby. Awful manners young Hopper has!

Cecil Graham. Ah! Hopper is one of Nature's gentlemen, the worst type of gentleman I know.

Dumby. Sensible woman, Lady Windermere. Lots of wives would have objected to Mrs. Erlynne coming. But Lady Windermere has that uncommon thing called common sense.

Cecil Graham. And Windermere knows that nothing looks so like innocence as an indiscretion.

Dumby. Yes; dear Windermere is becoming almost modern. Never thought he would. [*Bows to* **Lady Windermere** *and exit*.]

Lady Jedburgh. Good night, Lady Windermere. What a fascinating woman Mrs. Erlynne is! She is coming to lunch on Thursday, won't you come too? I expect the Bishop and dear Lady Merton.

ni una sola palabra.

Duquesa de Berwick. Creo que encontrarás que él tiene mucho para decirte mañana. [*Sale* **Lady Agatha** *con* **Mr. Hopper**]. Y ahora buenas noches, Margaret. Me temo que es la vieja, vieja historia, querida. El amor... bueno, no el amor a primera vista, sino el amor de final de temporada, que es mucho más satisfactorio.

Lady Windermere. Buenas noches, Duquesa.

[*Sale la* **Duquesa de Berwick** *del brazo de* **Lord Paisley**].

Lady Plymdale. Mi querida Margaret, ¡con qué mujer tan guapa ha estado bailando su marido! ¡Si yo fuera usted estaría muy celosa! ¿Es una gran amiga suya?

Lady Windermere. ¡No!

Lady Plymdale. ¿De verdad? Buenas noches, querida. [*Mira a* **Mr. Dumby** *y sale*].

Dumby. ¡Qué malos modales tiene el joven Hopper!

Cecil Graham. ¡Ah! Hopper es un caballero nacido de la naturaleza, el peor tipo de caballero que conozco.

Dumby. Una mujer sensata, Lady Windermere. Muchas esposas se habrían opuesto a que viniera Mrs. Erlynne. Pero Lady Windermere tiene esa cosa poco común llamada sentido común.

Cecil Graham. Y Windermere sabe que nada se parece tanto a la inocencia como una indiscreción.

Dumby. Sí; el querido Windermere se está volviendo casi moderno. Nunca pensé que lo haría. [*Hace una reverencia a* **Lady Windermere** *y se marcha*].

Lady Jedburgh. Buenas noches, Lady Windermere. ¡Qué mujer tan fascinante es Mrs. Erlynne! Ella vendrá a comer el jueves, ¿no vendrá usted también? Invité al Obispo y a la querida Lady Merton.

LADY WINDERMERE. I am afraid I am engaged, Lady Jedburgh.

LADY JEDBURGH. So sorry. Come, dear. [*Exeunt* LADY JEDBURGH *and* MISS GRAHAM.]

[*Enter* MRS. ERLYNNE *and* LORD WINDERMERE.]

MRS. ERLYNNE. Charming ball it has been! Quite reminds me of old days. [*Sits on sofa.*] And I see that there are just as many fools in society as there used to be. So pleased to find that nothing has altered! Except Margaret. She's grown quite pretty. The last time I saw her—twenty years ago, she was a fright in flannel. Positive fright, I assure you. The dear Duchess! and that sweet Lady Agatha! Just the type of girl I like! Well, really, Windermere, if I am to be the Duchess's sister-in-law—

LORD WINDERMERE. [*Sitting L. of her.*] But are you—?

[*Exit* MR. CECIL GRAHAM *with rest of guests.* LADY WINDERMERE *watches, with a look of scorn and pain,* MRS. ERLYNNE *and her husband. They are unconscious of her presence.*]

MRS. ERLYNNE. Oh, yes! He's to call to-morrow at twelve o'clock! He wanted to propose to-night. In fact he did. He kept on proposing. Poor Augustus, you know how he repeats himself. Such a bad habit! But I told him I wouldn't give him an answer till to-morrow. Of course I am going to take him. And I dare say I'll make him an admirable wife, as wives go. And there is a great deal of good in Lord Augustus. Fortunately it is all on the surface. Just where good qualities should be. Of course you must help me in this matter.

LORD WINDERMERE. I am not called on to encourage Lord Augustus, I suppose?

MRS. ERLYNNE. Oh, no! I do the encouraging. But you will make me a handsome settlement, Windermere, won't you?

LORD WINDERMERE. [*Frowning.*] Is that what you want to talk to me about to-night?

Lady Windermere. Me temo que estoy comprometida, Lady Jedburgh.

Lady Jedburgh. Lo siento mucho. Ven, querida. [*Salen* **Lady Jedburgh** *y* **Miss Graham**].

[*Entran* **Mrs. Erlynne** *y* **Lord Windermere**].

Mrs. Erlynne. ¡Ha sido un baile encantador! Me recuerda tanto a los viejos tiempos. [*Se sienta en el sofá*]. Y veo que hay tantos tontos en la sociedad como antes. ¡Me complace comprobar que nada ha cambiado! Excepto Margaret. Se ha puesto muy guapa. La última vez que la vi, hace veinte años, era un espanto vestido de franela. Un auténtico espanto, se lo aseguro. ¡La querida Duquesa! ¡Y esa dulce Lady Agatha! ¡Justo el tipo de muchacha que me gusta! Bueno, de verdad, Windermere, si voy a ser la cuñada de la Duquesa...

Lord Windermere. [*Sentado a la izquierda de ella*]. ¿Pero está usted...?

[*Sale* **Mr. Cecil Graham** *con el resto de los invitados.* **Lady Windermere** *observa, con una mirada de desprecio y dolor, a* **Mrs. Erlynne** *y a su marido. No son conscientes de la presencia de ella*].

Mrs. Erlynne. ¡Oh, sí! ¡Va a visitarme mañana a las doce! Él quería declararse esta noche. De hecho, ya lo hizo. No paraba de proponérmelo. Pobre Augustus, ya sabe cómo se repite. ¡Qué mala costumbre! Pero le dije que no le daría una respuesta hasta mañana. Por supuesto que voy a aceptarlo. Y me atrevo a decir que seré una esposa admirable, considerando como son las esposas... Y hay mucho de bueno en Lord Augustus. Afortunadamente está todo en la superficie. Justo donde deben estar las buenas cualidades. Por supuesto que usted debe ayudarme en este asunto.

Lord Windermere. Supongo que no me solicita que anime a Lord Augustus.

Mrs. Erlynne. ¡Oh, no! Yo me encargo de animarlo. Pero me asegurará una buena dote, Windermere, ¿verdad?

Lord Windermere. [*Frunce el ceño*]. ¿Es de eso de lo que quiere hablarme esta noche?

Mrs. Erlynne. Yes.

Lord Windermere. [*With a gesture of impatience.*] I will not talk of it here.

Mrs. Erlynne. [*Laughing.*] Then we will talk of it on the terrace. Even business should have a picturesque background. Should it not, Windermere? With a proper background women can do anything.

Lord Windermere. Won't to-morrow do as well?

Mrs. Erlynne. No; you see, to-morrow I am going to accept him. And I think it would be a good thing if I was able to tell him that I had—well, what shall I say?—£2000 a year left to me by a third cousin—or a second husband—or some distant relative of that kind. It would be an additional attraction, wouldn't it? You have a delightful opportunity now of paying me a compliment, Windermere. But you are not very clever at paying compliments. I am afraid Margaret doesn't encourage you in that excellent habit. It's a great mistake on her part. When men give up saying what is charming, they give up thinking what is charming. But seriously, what do you say to £2000? £2500, I think. In modern life margin is everything. Windermere, don't you think the world an intensely amusing place? I do!

[*Exit on terrace with* **Lord Windermere**. *Music strikes up in ball-room.*]

Lady Windermere. To stay in this house any longer is impossible. To-night a man who loves me offered me his whole life. I refused it. It was foolish of me. I will offer him mine now. I will give him mine. I will go to him! [*Puts on cloak and goes to the door, then turns back. Sits down at table and writes a letter, puts it into an envelope, and leaves it on table.*] Arthur has never understood me. When he reads this, he will. He may do as he chooses now with his life. I have done with mine as I think best, as I think right. It is he who has broken the bond of marriage—not I. I only break its bondage.

[*Exit.*]

[**Parker** *enters L. and crosses towards the ball-room R. Enter* **Mrs. Erlynne.**]

Mrs. Erlynne. Sí.

Lord Windermere. [*Con un gesto de impaciencia*]. No hablaré de ello aquí.

Mrs. Erlynne. [*Riéndose*]. Entonces hablaremos de ello en la terraza. Incluso los negocios deberían tener un fondo pintoresco. ¿No debería ser así, Windermere? Con un fondo apropiado las mujeres pueden hacer cualquier cosa.

Lord Windermere. ¿No le vendría bien mañana?

Mrs. Erlynne. No; verá, mañana voy a aceptarlo. Y creo que sería algo bueno si pudiera decirle que tengo... bueno, ¿qué debo decir?... 2.000 libras al año que me ha dejado un primo segundo... o un segundo marido... o algún pariente lejano por el estilo. Sería un atractivo adicional, ¿verdad? Ahora tiene una deliciosa oportunidad de hacerme un cumplido, Windermere. Pero usted no es muy hábil haciendo cumplidos. Me temo que Margaret no le anima en ese excelente hábito. Es un gran error de su parte. Cuando los hombres renuncian a decir lo que es encantador, renuncian a pensar lo que es encantador. Pero en serio, ¿qué me dice de 2.000 libras? 2.500, creo. En la vida moderna el margen lo es todo. Windermere, ¿no cree que el mundo es un lugar intensamente divertido? Yo sí que lo creo.

[*Sale a la terraza con* **Lord Windermere**. *Suena música en el salón de baile*].

Lady Windermere. Permanecer más tiempo en esta casa es imposible. Esta noche un hombre que me ama me ofreció toda su vida. Lo rechacé. Fue una tontería de mi parte. Ahora le ofreceré la mía. Le daré la mía. Iré con él. [*Se pone la capa y va hacia la puerta, luego da media vuelta. Se sienta a la mesa y escribe una carta, la mete en un sobre y la deja sobre la mesa*]. Arthur nunca me ha entendido. Cuando lea esto, lo hará. Ahora puede hacer con su vida lo que quiera. Yo he hecho con la mía lo que he creído mejor, lo que he creído correcto. Es él quien ha roto el vínculo del matrimonio, no yo. Yo sólo rompo su servidumbre.

[*Sale*].

[**Parker** *entra por la izquierda y cruza hacia el salón de baile a la derecha. Entra*

Mrs. Erlynne. Is Lady Windermere in the ball-room?

Parker. Her ladyship has just gone out.

Mrs. Erlynne. Gone out? She's not on the terrace?

Parker. No, madam. Her ladyship has just gone out of the house.

Mrs. Erlynne. [*Starts, and looks at the servant with a puzzled expression in her face.*] Out of the house?

Parker. Yes, madam—her ladyship told me she had left a letter for his lordship on the table.

Mrs. Erlynne. A letter for Lord Windermere?

Parker. Yes, madam.

Mrs. Erlynne. Thank you.

[*Exit* **Parker.** *The music in the ball-room stops.*] Gone out of her house! A letter addressed to her husband! [*Goes over to bureau and looks at letter. Takes it up and lays it down again with a shudder of fear.*] No, no! It would be impossible! Life doesn't repeat its tragedies like that! Oh, why does this horrible fancy come across me? Why do I remember now the one moment of my life I most wish to forget? Does life repeat its tragedies? [*Tears letter open and reads it, then sinks down into a chair with a gesture of anguish.*] Oh, how terrible! The same words that twenty years ago I wrote to her father! and how bitterly I have been punished for it! No; my punishment, my real punishment is to-night, is now! [*Still seated R.*]

[*Enter* **Lord Windermere** *L.U.E.*]

Lord Windermere. Have you said good-night to my wife? [*Comes C.*]

Mrs. Erlynne. [*Crushing letter in her hand.*] Yes.

Mrs. Erlynne].

Mrs. Erlynne. ¿Lady Windermere está en el salón de baile?

Parker. Su señoría acaba de salir.

Mrs. Erlynne. ¿Ha salido? ¿No está en la terraza?

Parker. No, señora. Su señoría acaba de salir de casa.

Mrs. Erlynne. [*Se sobresalta y mira al criado con una expresión de perplejidad en el rostro.*] ¿Salir de casa?

Parker. Sí, señora... Su señoría me dijo que había dejado una carta para el señor sobre la mesa.

Mrs. Erlynne. ¿Una carta para Lord Windermere?

Parker. Sí, señora.

Mrs. Erlynne. Gracias.

[*Sale* Parker. *La música en el salón de baile se detiene*]. ¡Salir de casa! ¡Una carta dirigida a su marido! [*Se acerca al buró y mira la carta. La coge y la vuelve a dejar en el suelo con un estremecimiento de miedo*]. ¡No, no! ¡Sería imposible! ¡La vida no repite así sus tragedias! Oh, ¿por qué me asalta esta horrible fantasía? ¿Por qué recuerdo ahora el único momento de mi vida que más deseo olvidar? ¿Acaso la vida repite sus tragedias? [*Abre la carta y la lee, luego se hunde en una silla con un gesto de angustia*]. ¡Oh, qué terrible! ¡Las mismas palabras que hace veinte años escribí a su padre! ¡Y cuán amargamente he sido castigada por ello! No; mi castigo, mi verdadero castigo será esta noche, ¡es ahora! [*Todavía sentada a la derecha*].

[*Entra* Lord Windermere *por la izquierda*].

Lord Windermere. ¿Ha dicho buenas noches a mi esposa? [*Viene al centro*].

Mrs. Erlynne. [*Arrugando la carta en su mano*]. Sí.

Lord Windermere. Where is she?

Mrs. Erlynne. She is very tired. She has gone to bed. She said she had a headache.

Lord Windermere. I must go to her. You'll excuse me?

Mrs. Erlynne. [*Rising hurriedly.*] Oh, no! It's nothing serious. She's only very tired, that is all. Besides, there are people still in the supper-room. She wants you to make her apologies to them. She said she didn't wish to be disturbed. [*Drops letter.*] She asked me to tell you!

Lord Windermere. [*Picks up letter.*] You have dropped something.

Mrs. Erlynne. Oh yes, thank you, that is mine. [*Puts out her hand to take it.*]

Lord Windermere. [*Still looking at letter.*] But it's my wife's handwriting, isn't it?

Mrs. Erlynne. [*Takes the letter quickly.*] Yes, it's—an address. Will you ask them to call my carriage, please?

Lord Windermere. Certainly.

[*Goes L. and Exit.*]

Mrs. Erlynne. Thanks! What can I do? What can I do? I feel a passion awakening within me that I never felt before. What can it mean? The daughter must not be like the mother—that would be terrible. How can I save her? How can I save my child? A moment may ruin a life. Who knows that better than I? Windermere must be got out of the house; that is absolutely necessary. [*Goes L.*] But how shall I do it? It must be done somehow. Ah!

[*Enter* **Lord Augustus** *R.U.E. carrying bouquet.*]

Lord Augustus. Dear lady, I am in such suspense! May I not have an answer to my request?

Lord Windermere. ¿Dónde está?

Mrs. Erlynne. Está muy cansada. Se ha ido a la cama. Dice que le duele la cabeza.

Lord Windermere. Debo ir a verla. ¿Me disculpa?

Mrs. Erlynne. [*Levantándose apresuradamente*]. ¡Oh, no! No es nada grave. Sólo está muy cansada, eso es todo. Además, todavía hay gente en el comedor. Ella quiere que usted pida disculpas por ella. Y ella dijo que no deseaba ser molestada. [*Deja caer la carta*]. ¡Me pidió que se lo dijera!

Lord Windermere. [*Recoge la carta*]. Se le ha caído algo.

Mrs. Erlynne. Oh sí, gracias, es mío. [*Extiende su mano para cogerlo*].

Lord Windermere. [*Sigue mirando la carta*]. Pero es la letra de mi esposa, ¿no?

Mrs. Erlynne. [*Coge la carta rápidamente*]. Sí, es... una dirección. ¿Quiere pedir que traigan mi carruaje, por favor?

Lord Windermere. Ciertamente.

[*Va a la izquierda y sale*].

Mrs. Erlynne. ¡Gracias...! ¿Qué puedo hacer? ¿Qué puedo hacer? Siento que se despierta en mí una pasión que nunca antes había sentido. ¿Qué puede significar? La hija no debe ser como la madre... eso sería terrible. ¿Cómo puedo salvarla? ¿Cómo puedo salvar a mi hija? Un momento puede arruinar una vida. ¿Quién lo sabe mejor que yo? Hay que sacar a Windermere de la casa; es absolutamente necesario. [*Va a la izquierda*]. ¿Pero, cómo lo haré? Debe hacerse de algún modo. ¡Ah!

[*Entra **Lord Augustus** por la derecha trayendo un ramo de flores*].

Lord Augustus. Querida señora, ¡estoy en tal suspense! ¿No podría tener una respuesta a mi pedido?

Mrs. Erlynne. Lord Augustus, listen to me. You are to take Lord Windermere down to your club at once, and keep him there as long as possible. You understand?

Lord Augustus. But you said you wished me to keep early hours!

Mrs. Erlynne. [*Nervously.*] Do what I tell you. Do what I tell you.

Lord Augustus. And my reward?

Mrs. Erlynne. Your reward? Your reward? Oh! ask me that to-morrow. But don't let Windermere out of your sight to-night. If you do I will never forgive you. I will never speak to you again. I'll have nothing to do with you. Remember you are to keep Windermere at your club, and don't let him come back to-night.

[*Exit L.*]

Lord Augustus. Well, really, I might be her husband already. Positively I might. [*Follows her in a bewildered manner.*]

Act Drop

Mrs. Erlynne. Lord Augustus, escúcheme. Debe llevar a Lord Windermere a su club de inmediato, y retenerlo allí el mayor tiempo posible. ¿Lo ha entendido?

Lord Augustus. ¡Pero usted dijo que deseaba que madrugara!

Mrs. Erlynne. [*Nerviosamente*]. Haga lo que le digo. Haga lo que le digo.

Lord Augustus. ¿Y mi recompensa?

Mrs. Erlynne. ¿Su recompensa? ¿Su recompensa? ¡Oh! Pregúnteme eso mañana. Pero no pierda de vista a Windermere esta noche. Si lo hace nunca se lo perdonaré. Nunca volveré a hablarle. No tendré nada que ver con usted. Recuerde que debe mantener a Windermere en su club, y no le deje volver esta noche.

[*Sale por la izquierda*].

Lord Augustus. Bueno, en realidad, ya podría ser su marido. Con seguridad que podría. [*La sigue, desconcertado*].

Telón

THIRD ACT

SCENE

Lord Darlington's Rooms. A large sofa is in front of fireplace R. At the back of the stage a curtain is drawn across the window. Doors L. and R. Table R. with writing materials. Table C. with syphons, glasses, and Tantalus frame. Table L. with cigar and cigarette box. Lamps lit.

LADY WINDERMERE. [*Standing by the fireplace.*] Why doesn't he come? This waiting is horrible. He should be here. Why is he not here, to wake by passionate words some fire within me? I am cold—cold as a loveless thing. Arthur must have read my letter by this time. If he cared for me, he would have come after me, would have taken me back by force. But he doesn't care. He's entrammelled by this woman—fascinated by her—dominated by her. If a woman wants to hold a man, she has merely to appeal to what is worst in him. We make gods of men and they leave us. Others make brutes of them and they fawn and are faithful. How hideous life is! . . . Oh! it was mad of me to come here, horribly mad. And yet, which is the worst, I wonder, to be at the mercy of a man who loves one, or the wife of a man who in one's own house dishonours one? What woman knows? What woman in the whole world? But will he love me always, this man to whom I am giving my life? What do I bring him? Lips that have lost the note of joy, eyes that are blinded by tears, chill hands and icy heart. I bring him nothing. I must go back—no; I can't go back, my letter has put me in their power—Arthur would not take me back! That fatal letter! No! Lord Darlington leaves England to-morrow. I will go with him—I have no choice. [*Sits down for a few moments. Then starts up and puts on her cloak.*] No, no! I will go back, let Arthur do with me what he pleases. I can't wait here. It has been madness my coming. I must go at once. As for Lord Darlington—Oh! here he is! What shall I do? What can I say to him? Will he let me go away at all? I have heard that men are brutal, horrible . . . Oh! [*Hides her face in her hands.*]

[*Enter* MRS. ERLYNNE *L.*]

MRS. ERLYNNE. Lady Windermere! [LADY WINDERMERE *starts and looks up.*

TERCER ACTO

ESCENA

Las habitaciones de Lord Darlington. Un gran sofá está delante de la chimenea a la derecha. Al fondo del escenario, una cortina cruza la ventana. Puertas a la izquierda y a la derecha. Mesa a la derecha con materiales de escritura. Mesa en el centro con sifones, vasos y decantadores con whisky. Mesa a la izquierda con caja de puros y cigarrillos. Lámparas encendidas.

LADY WINDERMERE. [*De pie junto a la chimenea*]. ¿Por qué no viene? Esta espera es horrible. Él ya debería estar aquí. ¿Por qué no está aquí, para despertar con palabras apasionadas algún fuego dentro de mí? Estoy fría... fría como una cosa sin amor. Arthur ya debe haber leído mi carta. Si le importara, habría venido a por mí, me habría llevado por la fuerza. Pero no le importa. Está embelesado por esta mujer... fascinado por ella... dominado por ella. Si una mujer quiere retener a un hombre, sólo tiene que apelar a lo peor que hay en él. Hacemos dioses de los hombres y nos abandonan. Otras los convertimos en brutos y ellos nos adulan y son fieles. ¡Qué horrible es la vida!... ¡Oh! Ha sido una locura de mi parte venir aquí, una locura horrible. Y sin embargo, me pregunto, ¿qué es peor, estar a merced de un hombre que la ama a una, o ser la esposa de un hombre que en su propia casa la deshonra? ¿Qué mujer lo sabe? ¿Qué mujer en el mundo entero? Pero, ¿me amará siempre, este hombre al que entrego mi vida? ¿Qué le aporto? Labios que han perdido la nota de alegría, ojos cegados por las lágrimas, manos frías y corazón helado. No le traigo nada. Debo volver... no; no puedo volver, mi carta me ha puesto en su poder... ¡Arthur no me aceptaría de vuelta! ¡Esa carta fatal! ¡No! Lord Darlington parte de Inglaterra mañana. Iré con él... no tengo elección. [*Se sienta unos instantes. Luego se levanta y se pone la capa*]. ¡No, no! Volveré y dejaré que Arthur haga conmigo lo que le plazca. No puedo esperar aquí. Ha sido una locura mi llegada. Debo irme de inmediato. En cuanto a Lord Darlington... ¡Oh! ¡Aquí está! ¿Qué debo hacer? ¿Qué puedo decirle? ¿Me dejará marchar? He oído que los hombres son brutales, horribles... ¡Oh! [*Esconde la cara entre las manos*].

[*Entra* MRS. ERLYNNE *por la izquierda*].

MRS. ERLYNNE. ¡Lady Windermere! [LADY WINDERMERE *se sobresalta y levan-*

Then recoils in contempt.] Thank Heaven I am in time. You must go back to your husband's house immediately.

LADY WINDERMERE. Must?

MRS. ERLYNNE. [*Authoritatively.*] Yes, you must! There is not a second to be lost. Lord Darlington may return at any moment.

LADY WINDERMERE. Don't come near me!

MRS. ERLYNNE. Oh! You are on the brink of ruin, you are on the brink of a hideous precipice. You must leave this place at once, my carriage is waiting at the corner of the street. You must come with me and drive straight home.

[**LADY WINDERMERE** *throws off her cloak and flings it on the sofa.*]

What are you doing?

LADY WINDERMERE. Mrs. Erlynne—if you had not come here, I would have gone back. But now that I see you, I feel that nothing in the whole world would induce me to live under the same roof as Lord Windermere. You fill me with horror. There is something about you that stirs the wildest—rage within me. And I know why you are here. My husband sent you to lure me back that I might serve as a blind to whatever relations exist between you and him.

MRS. ERLYNNE. Oh! You don't think that—you can't.

LADY WINDERMERE. Go back to my husband, Mrs. Erlynne. He belongs to you and not to me. I suppose he is afraid of a scandal. Men are such cowards. They outrage every law of the world, and are afraid of the world's tongue. But he had better prepare himself. He shall have a scandal. He shall have the worst scandal there has been in London for years. He shall see his name in every vile paper, mine on every hideous placard.

MRS. ERLYNNE. No—no—

LADY WINDERMERE. Yes! he shall. Had he come himself, I admit I would

ta la vista. Luego retrocede con desprecio]. Gracias a Dios llego a tiempo. Debe volver a casa de su marido inmediatamente.

Lady Windermere. ¿Debe?

Mrs. Erlynne. [*Con autoridad*]. ¡Sí, debe hacerlo! No hay un segundo que perder. Lord Darlington puede volver en cualquier momento.

Lady Windermere. ¡No se acerque a mí!

Mrs. Erlynne. ¡Oh! Está al borde de la ruina, está al borde de un horrible precipicio. Debe abandonar este lugar de inmediato, mi carruaje la espera en la esquina de la calle. Debe venir conmigo e ir directamente a casa.

[**Lady Windermere** *se quita la capa y la arroja sobre el sofá*].

¿Qué está haciendo?

Lady Windermere. Mrs. Erlynne... si usted no hubiera venido aquí, yo habría regresado. Pero ahora que la veo, siento que nada en el mundo entero me induciría a vivir bajo el mismo techo que Lord Windermere. Usted me llena de horror. Hay algo en usted que despierta la ira... la ira más salvaje dentro de mí. Y sé por qué está usted aquí. Mi marido le envió para atraerme, para que vuelva y sirva para encubrir a cualquier relación que existiera entre usted y él.

Mrs. Erlynne. ¡Oh! No pensará eso... no puede.

Lady Windermere. Vuelva con mi marido, Mrs. Erlynne. Él le pertenece a usted y no a mí. Supongo que él tiene miedo de un escándalo. Los hombres son tan cobardes. Ultrajan todas las leyes del mundo, y tienen miedo de la lengua del mundo. Pero mejor que él se prepare. Tendrá un escándalo. Tendrá el peor escándalo que haya habido en Londres en años. Verá su nombre en cada vil periódico, el mío en cada horrible pancarta.

Mrs. Erlynne. No... no...

Lady Windermere. ¡Sí! Lo hará. Si hubiera venido él mismo, admito que

have gone back to the life of degradation you and he had prepared for me—I was going back—but to stay himself at home, and to send you as his messenger—oh! it was infamous—infamous.

Mrs. Erlynne. [*C.*] Lady Windermere, you wrong me horribly—you wrong your husband horribly. He doesn't know you are here—he thinks you are safe in your own house. He thinks you are asleep in your own room. He never read the mad letter you wrote to him!

Lady Windermere. [*R.*] Never read it!

Mrs. Erlynne. No—he knows nothing about it.

Lady Windermere. How simple you think me! [*Going to her.*] You are lying to me!

Mrs. Erlynne. [*Restraining herself.*] I am not. I am telling you the truth.

Lady Windermere. If my husband didn't read my letter, how is it that you are here? Who told you I had left the house you were shameless enough to enter? Who told you where I had gone to? My husband told you, and sent you to decoy me back. [*Crosses L.*]

Mrs. Erlynne. [*R.C.*] Your husband has never seen the letter. I—saw it, I opened it. I—read it.

Lady Windermere. [*Turning to her.*] You opened a letter of mine to my husband? You wouldn't dare!

Mrs. Erlynne. Dare! Oh! to save you from the abyss into which you are falling, there is nothing in the world I would not dare, nothing in the whole world. Here is the letter. Your husband has never read it. He never shall read it. [*Going to fireplace.*] It should never have been written. [*Tears it and throws it into the fire.*]

Lady Windermere. [*With infinite contempt in her voice and look.*] How do I know that that was my letter after all? You seem to think the commonest device can take me in!

habría vuelto a la vida de degradación que usted y él habían preparado para mí... iba a volver... pero quedarse él mismo en casa y enviarle a usted como su mensajera... ¡oh! fue infame... infame.

MRS. ERLYNNE. [*En el centro*]. Lady Windermere, se equivoca sobre mí horriblemente, se equivoca horriblemente sobre su marido. Él no sabe que usted está aquí... él cree que está a salvo en su propia casa. Cree que está durmiendo en su propia habitación. ¡Nunca leyó la loca carta que usted le escribió!

LADY WINDERMERE. [*A la derecha*]. ¡Nunca la leyó!

MRS. ERLYNNE. No... no sabe nada sobre eso.

LADY WINDERMERE. ¡Qué simple me cree! [*Acercándose a ella*]. ¡Me está mintiendo!

MRS. ERLYNNE. [*Conteniéndose*]. No es así. Le estoy diciendo la verdad.

LADY WINDERMERE. Si mi marido no leyó mi carta, ¿cómo es que está usted aquí? ¿Quién le dijo que yo había abandonado la casa en la que usted tuvo la desvergüenza de entrar? ¿Quién le dijo adónde había ido? Mi marido se lo dijo, y la envió para que me llevara de vuelta. [*Cruza a la izquierda*].

MRS. ERLYNNE. [*A la derecha, hacia el centro*]. Su marido nunca ha visto la carta. Yo... la vi, la abrí. La... leí.

LADY WINDERMERE. [*Volviéndose hacia ella*]. ¿Usted ha abierto una carta mía dirigida a mi marido? ¡No se atrevería!

MRS. ERLYNNE. ¡Atreverme! ¡Oh! Para salvarla del abismo en el que está cayendo no hay nada en el mundo a lo que no me atrevería, nada en el mundo entero. Aquí está la carta. Su marido nunca la ha leído. Nunca la leerá. [*Va a la chimenea*]. Nunca debió ser escrita. [*La rompe y la arroja al fuego*].

LADY WINDERMERE. [*Con infinito desprecio en su voz y en su mirada*]. ¿Cómo puedo saber que, después de todo, ésa era mi carta? ¡Parece usted pensar que puede atraparme con el artilugio más vulgar!

Mrs. Erlynne. Oh! why do you disbelieve everything I tell you? What object do you think I have in coming here, except to save you from utter ruin, to save you from the consequence of a hideous mistake? That letter that is burnt now *was* your letter. I swear it to you!

Lady Windermere. [*Slowly.*] You took good care to burn it before I had examined it. I cannot trust you. You, whose whole life is a lie, could you speak the truth about anything? [*Sits down.*]

Mrs. Erlynne. [*Hurriedly.*] Think as you like about me—say what you choose against me, but go back, go back to the husband you love.

Lady Windermere. [*Sullenly.*] I do *not* love him!

Mrs. Erlynne. You do, and you know that he loves you.

Lady Windermere. He does not understand what love is. He understands it as little as you do—but I see what you want. It would be a great advantage for you to get me back. Dear Heaven! what a life I would have then! Living at the mercy of a woman who has neither mercy nor pity in her, a woman whom it is an infamy to meet, a degradation to know, a vile woman, a woman who comes between husband and wife!

Mrs. Erlynne. [*With a gesture of despair.*] Lady Windermere, Lady Windermere, don't say such terrible things. You don't know how terrible they are, how terrible and how unjust. Listen, you must listen! Only go back to your husband, and I promise you never to communicate with him again on any pretext—never to see him—never to have anything to do with his life or yours. The money that he gave me, he gave me not through love, but through hatred, not in worship, but in contempt. The hold I have over him—

Lady Windermere. [*Rising.*] Ah! you admit you have a hold!

Mrs. Erlynne. Yes, and I will tell you what it is. It is his love for you, Lady Windermere.

Lady Windermere. You expect me to believe that?

Mrs. Erlynne. ¡Oh! ¿Por qué descree de todo lo que le digo? ¿Qué objeto cree que tengo al venir aquí, excepto salvarla de la ruina total, salvarla de la consecuencia de un horrible error? Esa carta que ahora se quema *era* su carta. ¡Se lo juro!

Lady Windermere. [*Lentamente*]. Usted tuvo el cuidado de quemarla antes de que yo la hubiera examinado. No puedo confiar en usted. Usted, cuya vida entera es una mentira, ¿podría decir la verdad sobre algo? [*Se sienta*].

Mrs. Erlynne. [*Con prisa*]. Piense lo que quiera de mí, diga lo que quiera contra mí, pero vuelva, vuelva con el marido que ama.

Lady Windermere. [*Hoscamente*]. ¡*No* le amo!

Mrs. Erlynne. Sí que lo ama, y sabe que él la ama.

Lady Windermere. Él no entiende lo que es el amor. Lo entiende tan poco como usted... pero ya veo lo que usted quiere. Sería una gran ventaja para usted recuperarme. ¡Querido cielo! ¡Qué vida tendría entonces! ¡Vivir a merced de una mujer que no tiene ni piedad ni misericordia en ella, una mujer a la que es una infamia conocer, una degradación conocer, una mujer vil, una mujer que se interpone entre marido y mujer!

Mrs. Erlynne. [*Con un gesto de desesperación*]. Lady Windermere, Lady Windermere, no diga cosas tan terribles. No sabe lo terribles que son, es terribles e injusto. ¡Escuche, debe escuchar! Sólo vuelva con su marido, y le prometo que no volveré a comunicarme con él bajo ningún pretexto, que no volverá a verle, que no volverá a tener nada que ver con la vida de él ni con la suya. El dinero que me dio, no me lo dio por amor, sino por odio, no por adoración, sino por desprecio. El asidero que tengo sobre él...

Lady Windermere. [*Poniéndose de pie*]. ¡Ah! ¡Admite que tiene un asidero!

Mrs. Erlynne. Sí, y le diré lo que es. Es su amor por usted, Lady Windermere.

Lady Windermere. ¿Espera que lo crea?

Mrs. Erlynne. You must believe it! It is true. It is his love for you that has made him submit to—oh! call it what you like, tyranny, threats, anything you choose. But it is his love for you. His desire to spare you—shame, yes, shame and disgrace.

Lady Windermere. What do you mean? You are insolent! What have I to do with you?

Mrs. Erlynne. [*Humbly.*] Nothing. I know it—but I tell you that your husband loves you—that you may never meet with such love again in your whole life—that such love you will never meet—and that if you throw it away, the day may come when you will starve for love and it will not be given to you, beg for love and it will be denied you—Oh! Arthur loves you!

Lady Windermere. Arthur? And you tell me there is nothing between you?

Mrs. Erlynne. Lady Windermere, before Heaven your husband is guiltless of all offence towards you! And I—I tell you that had it ever occurred to me that such a monstrous suspicion would have entered your mind, I would have died rather than have crossed your life or his—oh! died, gladly died! [*Moves away to sofa R.*]

Lady Windermere. You talk as if you had a heart. Women like you have no hearts. Heart is not in you. You are bought and sold. [*Sits L.C.*]

Mrs. Erlynne. [*Starts, with a gesture of pain. Then restrains herself, and comes over to where Lady Windermere is sitting. As she speaks, she stretches out her hands towards her, but does not dare to touch her.*] Believe what you choose about me. I am not worth a moment's sorrow. But don't spoil your beautiful young life on my account! You don't know what may be in store for you, unless you leave this house at once. You don't know what it is to fall into the pit, to be despised, mocked, abandoned, sneered at—to be an outcast! to find the door shut against one, to have to creep in by hideous byways, afraid every moment lest the mask should be stripped from one's face, and all the while to hear the laughter, the horrible laughter of the world, a thing more tragic than all the tears the world has ever shed. You don't know what it is. One pays for one's sin, and then

Mrs. Erlynne. ¡Debe creerlo! Es cierto. Es su amor por usted lo que le ha hecho someterse a... ¡oh! llámelo como quiera, tiranía, amenazas, lo que quiera. Pero es su amor por usted. Su deseo de evitarle la vergüenza, sí, la vergüenza y la desgracia.

Lady Windermere. ¿Qué quiere decir? ¡Usted está siendo insolente! ¿Qué tengo yo que ver con usted?

Mrs. Erlynne. [*Humildemente*]. Nada. Lo sé... pero le digo que su marido la ama; que puede que no vuelva a encontrarse con un amor así en toda su vida; que un amor así no lo conocerá jamás; y que si lo desecha, puede llegar el día en que se muera de hambre de amor y no se lo den, que mendigue amor y se lo nieguen... ¡Oh! ¡Arthur la ama!

Lady Windermere. ¿Arthur? ¿Y me dice que no hay nada entre ustedes?

Mrs. Erlynne. Lady Windermere, ¡ante el Cielo, le juro que su marido es inocente de toda ofensa hacia usted! Y yo... yo le digo que si alguna vez se me hubiera ocurrido que una sospecha tan monstruosa hubiera entrado en su mente, habría muerto antes que haberme cruzado por su vida o la de él... ¡Oh! Muerto, ¡con gusto habría muerto! [*Se aleja hacia el sofá de la derecha*].

Lady Windermere. Usted habla como si tuviera corazón. Las mujeres como usted no tienen corazón. El corazón no está en usted. Es comprada y vendida. [*Se sienta a la izquierda, hacia el centro*].

Mrs. Erlynne. [*Se sobresalta, con un gesto de dolor. Luego se contiene y se acerca a donde está sentada Lady Windermere. Mientras habla, extiende las manos hacia ella, pero no se atreve a tocarla*]. Crea lo que quiera de mí. No merezco ni un momento de pena. Pero no eche a perder su hermosa y joven vida por mi culpa. No sabe lo que le puede deparar, a menos que abandone esta casa de inmediato. No sabe lo que es caer en la fosa, ser despreciada, burlada, abandonada, mofada... ¡ser una paria! encontrar la puerta cerrada en contra de una, tener que arrastrarse por horribles caminos, temiendo a cada momento que la máscara sea arrancada de la cara, y todo el tiempo oír la risa, la horrible risa del mundo, una cosa más trágica que todas las lágrimas que el mundo haya derramado jamás. Usted no sabe lo que es. Una paga por su pecado, y luego vuelve a pagar, y toda la vida paga. Usted nunca debe sa-

one pays again, and all one's life one pays. You must never know that.—As for me, if suffering be an expiation, then at this moment I have expiated all my faults, whatever they have been; for to-night you have made a heart in one who had it not, made it and broken it.—But let that pass. I may have wrecked my own life, but I will not let you wreck yours. You—why, you are a mere girl, you would be lost. You haven't got the kind of brains that enables a woman to get back. You have neither the wit nor the courage. You couldn't stand dishonour! No! Go back, Lady Windermere, to the husband who loves you, whom you love. You have a child, Lady Windermere. Go back to that child who even now, in pain or in joy, may be calling to you. [**Lady Windermere** *rises*.] God gave you that child. He will require from you that you make his life fine, that you watch over him. What answer will you make to God if his life is ruined through you? Back to your house, Lady Windermere—your husband loves you! He has never swerved for a moment from the love he bears you. But even if he had a thousand loves, you must stay with your child. If he was harsh to you, you must stay with your child. If he ill-treated you, you must stay with your child. If he abandoned you, your place is with your child.

[**Lady Windermere** *bursts into tears and buries her face in her hands.*]

[*Rushing to her.*] Lady Windermere!

Lady Windermere. [*Holding out her hands to her, helplessly, as a child might do.*] Take me home. Take me home.

Mrs. Erlynne. [*Is about to embrace her. Then restrains herself. There is a look of wonderful joy in her face.*] Come! Where is your cloak? [*Getting it from sofa.*] Here. Put it on. Come at once!

[*They go to the door.*]

Lady Windermere. Stop! Don't you hear voices?

Mrs. Erlynne. No, no! There was no one!

Lady Windermere. Yes, there is! Listen! Oh! that is my husband's voice! He is coming in! Save me! Oh, it's some plot! You have sent for him.

ber eso... En cuanto a mí, si el sufrimiento es una expiación, entonces en este momento he expiado todas mis faltas, cualesquiera que hayan sido; porque esta noche usted ha hecho un corazón en alguien que no lo tenía, lo ha hecho y lo ha roto... Pero deje que eso pase. Puede que haya destrozado mi propia vida, pero no dejaré que usted destroce la suya. Usted... usted es una mera niña, estaría perdida. No tiene el tipo de cerebro que permite a una mujer recuperarse. No tiene ni el ingenio ni el valor. ¡No podría soportar la deshonra! ¡No! Vuelva, Lady Windermere, con el marido que la ama, al que usted ama. Tiene un hijo, Lady Windermere. Vuelva con ese niño que incluso ahora, en el dolor o en la alegría, puede estar llamándola. [LADY WINDERMERE *se pone de pie*]. Dios le dio ese hijo. Exigirá de usted que le haga la vida agradable, que vele por él. ¿Qué respuesta dará a Dios si su vida se arruina por su culpa? Vuelva a su casa, Lady Windermere... ¡su marido la ama! Nunca se ha apartado ni un momento del amor que le profesa. Pero aunque tuviera mil amores, usted debe quedarse con su hijo. Si él fue duro con usted, debe quedarse con su hijo. Si él la maltrató, debe quedarte con su hijo. Si él la abandonó, su lugar está con su hijo.

[LADY WINDERMERE *rompe a llorar y entierra la cara entre las manos*].

[*Corriendo hacia ella*]. ¡Lady Windermere!

LADY WINDERMERE. [*Extendiéndole las manos, impotente, como podría hacer un niño*]. Lléveme a casa. Lléveme a casa.

MRS. ERLYNNE. [*Está a punto de abrazarla. Luego se contiene. Hay una mirada de maravillosa alegría en su rostro*]. ¡Vamos! ¿Dónde está su capa? [*La coge del sofá*]. Tome. Póngasela. ¡Venga de una vez!

[*Se dirigen a la puerta*].

LADY WINDERMERE. ¡Alto! ¿No oye voces?

MRS. ERLYNNE. ¡No, no! ¡No hay nadie!

LADY WINDERMERE. ¡Sí, hay alguien! ¡Escuche! ¡Oh! ¡Es la voz de mi marido! ¡Está entrando! ¡Sálvenme! ¡Oh, es un complot! Usted le ha mandado

[*Voices outside.*]

MRS. ERLYNNE. Silence! I'm here to save you, if I can. But I fear it is too late! There! [*Points to the curtain across the window.*] The first chance you have, slip out, if you ever get a chance!

LADY WINDERMERE. But you?

MRS. ERLYNNE. Oh! never mind me. I'll face them.

[LADY WINDERMERE *hides herself behind the curtain.*]

LORD AUGUSTUS. [*Outside.*] Nonsense, dear Windermere, you must not leave me!

MRS. ERLYNNE. Lord Augustus! Then it is I who am lost! [*Hesitates for a moment,* then *looks round and sees door R., and exits through it.*]

[*Enter* LORD DARLINGTON, MR. DUMBY, LORD WINDERMERE, LORD AUGUSTUS LORTON, *and* MR. CECIL GRAHAM.

DUMBY. What a nuisance their turning us out of the club at this hour! It's only two o'clock. [*Sinks into a chair.*] The lively part of the evening is only just beginning. [*Yawns and closes his eyes.*]

LORD WINDERMERE. It is very good of you, Lord Darlington, allowing Augustus to force our company on you, but I'm afraid I can't stay long.

LORD DARLINGTON. Really! I am so sorry! You'll take a cigar, won't you?

LORD WINDERMERE. Thanks! [*Sits down.*]

LORD AUGUSTUS. [*To* LORD WINDERMERE.] My dear boy, you must not dream of going. I have a great deal to talk to you about, of demmed

llamar.

[*Voces en el exterior*].

MRS. ERLYNNE. ¡Silencio! Estoy aquí para salvarla, si puedo. ¡Pero me temo que es demasiado tarde! ¡Allí! [*Señala la cortina que cruza la ventana*]. ¡A la primera oportunidad que tenga, escápese, si es que alguna vez tiene la oportunidad!

LADY WINDERMERE. ¿Y usted?

MRS. ERLYNNE. ¡Oh! No se preocupe por mí. Me enfrentaré a ellos.

[LADY WINDERMERE *se esconde tras la cortina*].

LORD AUGUSTUS. [*Fuera*]. ¡Tonterías, querido Windermere, no debe dejarme!

MRS. ERLYNNE. ¡Lord Augustus! ¡Entonces soy yo quien está perdida! [*Vacila un momento, luego mira a su alrededor y ve la puerta de la derecha, y sale por ella*].

[*Entran* LORD DARLINGTON, MR. DUMBY, LORD WINDERMERE, LORD AUGUSTUS LORTON *y* MR. CECIL GRAHAM].

DUMBY. ¡Qué fastidio que nos echen del club a estas horas! Sólo son las dos. [*Se hunde en una silla*]. La parte animada de la velada no ha hecho más que empezar. [*Bosteza y cierra los ojos*].

LORD WINDERMERE. Es muy amable de su parte, Lord Darlington, permitir que Augustus le imponga nuestra compañía, pero me temo que no podré quedarme mucho tiempo.

LORD DARLINGTON. ¡De verdad! ¡Lo siento mucho! Pero tomará un puro, ¿verdad?

LORD WINDERMERE. ¡Gracias! [*Se sienta*].

LORD AUGUSTUS. [*A* LORD WINDERMERE]. Mi querido muchacho, no debes soñar con irte. Tengo mucho que hablar contigo, de maldita importan-

importance, too. [*Sits down with him at L. table.*]

CECIL GRAHAM. Oh! We all know what that is! Tuppy can't talk about anything but Mrs. Erlynne.

LORD WINDERMERE. Well, that is no business of yours, is it, Cecil?

CECIL GRAHAM. None! That is why it interests me. My own business always bores me to death. I prefer other people's.

LORD DARLINGTON. Have something to drink, you fellows. Cecil, you'll have a whisky and soda?

CECIL GRAHAM. Thanks. [*Goes to table with* LORD DARLINGTON.] Mrs. Erlynne looked very handsome to-night, didn't she?

LORD DARLINGTON. I am not one of her admirers.

CECIL GRAHAM. I usen't to be, but I am now. Why! she actually made me introduce her to poor dear Aunt Caroline. I believe she is going to lunch there.

LORD DARLINGTON. [*In Purple.*] No?

CECIL GRAHAM. She is, really.

LORD DARLINGTON. Excuse me, you fellows. I'm going away to-morrow. And I have to write a few letters. [*Goes to writing table and sits down.*]

DUMBY. Clever woman, Mrs. Erlynne.

CECIL GRAHAM. Hallo, Dumby! I thought you were asleep.

DUMBY. I am, I usually am!

LORD AUGUSTUS. A very clever woman. Knows perfectly well what a demmed fool I am—knows it as well as I do myself.

[CECIL GRAHAM *comes towards him laughing.*]

cia, además. [*Se sienta con él a la mesa, a la izquierda*].

Cecil Graham. ¡Oh! ¡Todos sabemos lo que es! Tuppy no puede hablar de otra cosa que no sea Mrs. Erlynne.

Lord Windermere. Bueno, eso no es asunto tuyo, ¿verdad, Cecil?

Cecil Graham. ¡Para nada! Por eso me interesa. Mis propios asuntos siempre me aburren hasta la muerte. Prefiero los de los demás.

Lord Darlington. Tomen algo, amigos. Cecil, ¿quieres un whisky con soda?

Cecil Graham. Sí, gracias. [*Va a la mesa con* **Lord Darlington**]. Mrs. Erlynne estaba muy guapa esta noche, ¿verdad?

Lord Darlington. No soy uno de sus admiradores.

Cecil Graham. Yo no solía serlo, pero ahora lo soy. ¡Vaya! De hecho me ha hecho presentársela a la pobre y querida tía Caroline. Creo que va a almorzar allí.

Lord Darlington. [*Sorprendido*]. ¿En serio?

Cecil Graham. Así es.

Lord Darlington. Disculpen, amigos. Me marcho mañana. Y tengo que escribir algunas cartas. [*Va al escritorio y se sienta*].

Dumby. Una mujer inteligente, Mrs. Erlynne.

Cecil Graham. ¡Hola, Dumby! Creía que estabas dormido.

Dumby. ¡Lo soy, suelo estarlo!

Lord Augustus. Una mujer muy inteligente. Sabe perfectamente lo tonto que soy... lo sabe tan bien como yo mismo.

[**Cecil Graham** *se acerca a él riendo*].

Ah, you may laugh, my boy, but it is a great thing to come across a woman who thoroughly understands one.

DUMBY. It is an awfully dangerous thing. They always end by marrying one.

CECIL GRAHAM. But I thought, Tuppy, you were never going to see her again! Yes! you told me so yesterday evening at the club. You said you'd heard—

[*Whispering to him.*]

LORD AUGUSTUS. Oh, she's explained that.

CECIL GRAHAM. And the Wiesbaden affair?

LORD AUGUSTUS. She's explained that too.

DUMBY. And her income, Tuppy? Has she explained that?

LORD AUGUSTUS. [*In a very serious voice.*] She's going to explain that to-morrow.

[CECIL GRAHAM *goes back to C. table.*]

DUMBY. Awfully commercial, women nowadays. Our grandmothers threw their caps over the mills, of course, but, by Jove, their granddaughters only throw their caps over mills that can raise the wind for them.

LORD AUGUSTUS. You want to make her out a wicked woman. She is not!

CECIL GRAHAM. Oh! Wicked women bother one. Good women bore one. That is the only difference between them.

LORD AUGUSTUS. [*Puffing a cigar.*] Mrs. Erlynne has a future before her.

DUMBY. Mrs. Erlynne has a past before her.

Ah, puedes reírte, muchacho, pero es algo grandioso toparse con una mujer que lo comprende a uno a fondo.

Dumby. Es algo terriblemente peligroso. Siempre acaban casándose con uno.

Cecil Graham. ¡Pero, pensé, Tuppy, que no ibas a volver a verla! ¡Sí! Eso me dijiste ayer por la tarde en el club. Dijiste que habías oído...

[*Susurrándole*].

Lord Augustus. Oh, ella ya ha explicado eso.

Cecil Graham. ¿Y el asunto de Wiesbaden?

Lord Augustus. Ella también lo ha explicado.

Dumby. ¿Y sus ingresos, Tuppy? ¿Lo ha explicado?

Lord Augustus. [*Con voz muy seria*]. Ella explicará eso mañana.

[Cecil Graham *vuelve a la mesa en el centro*].

Dumby. Las mujeres de hoy en día son terriblemente comerciales. Nuestras abuelas saltaban por sobre todo conservando su encanto, pero, caramba, sus nietas sólo dan ese salto cuando les puede beneficiar a ellas.

Lord Augustus. Usted quiere hacerla pasar por una mujer malvada. ¡Pero no lo es!

Cecil Graham. Las mujeres malas lo molestan a uno. Las mujeres buenas lo aburren a uno. Esa es la única diferencia entre ellas.

Lord Augustus. [*Lanzando una bocanada de su puro*]. Mrs. Erlynne tiene un futuro por delante.

Dumby. Mrs. Erlynne tiene un pasado por detrás.

LORD AUGUSTUS. I prefer women with a past. They're always so demmed amusing to talk to.

CECIL GRAHAM. Well, you'll have lots of topics of conversation with *her*, Tuppy. [*Rising and going to him.*]

LORD AUGUSTUS. You're getting annoying, dear-boy; you're getting demmed annoying.

CECIL GRAHAM. [*Puts his hands on his shoulders.*] Now, Tuppy, you've lost your figure and you've lost your character. Don't lose your temper; you have only got one.

LORD AUGUSTUS. My dear boy, if I wasn't the most good-natured man in London—

CECIL GRAHAM. We'd treat you with more respect, wouldn't we, Tuppy? [*Strolls away.*]

DUMBY. The youth of the present day are quite monstrous. They have absolutely no respect for dyed hair. [LORD AUGUSTUS *looks round angrily.*]

CECIL GRAHAM. Mrs. Erlynne has a very great respect for dear Tuppy.

DUMBY. Then Mrs. Erlynne sets an admirable example to the rest of her sex. It is perfectly brutal the way most women nowadays behave to men who are not their husbands.

LORD WINDERMERE. Dumby, you are ridiculous, and Cecil, you let your tongue run away with you. You must leave Mrs. Erlynne alone. You don't really know anything about her, and you're always talking scandal against her.

CECIL GRAHAM. [*Coming towards him L.C.*] My dear Arthur, I never talk scandal. *I* only talk gossip.

LORD WINDERMERE. What is the difference between scandal and gossip?

Lord Augustus. Prefiero las mujeres con un pasado. Siempre es divertido hablar con ellas.

Cecil Graham. Tendrás muchos temas de conversación con *ella*, Tuppy. [*Levantándose y yendo hacia él*].

Lord Augustus. Te estás volviendo molesto, querido muchacho; te estás volviendo malditamente molesto.

Cecil Graham. [*Le pone las manos sobre los hombros*]. Ahora, Tuppy, has perdido tu figura y has perdido tu carácter. No pierdas tu paciencia; es lo único que tienes.

Lord Augustus. Mi querido muchacho, si yo no fuera el hombre más bonachón de Londres...

Cecil Graham. Te trataríamos con más respeto, ¿verdad, Tuppy? [*Se aleja*].

Dumby. Los jóvenes de hoy en día son absolutamente monstruosos. No respetan en absoluto el pelo teñido. [Lord Augustus *mira a su alrededor con enfado*].

Cecil Graham. Mrs. Erlynne siente un gran respeto por el querido Tuppy.

Dumby. Entonces Mrs. Erlynne da un ejemplo admirable al resto de su sexo. Es totalmente brutal la forma en que la mayoría de las mujeres de hoy en día se comportan con los hombres que no son sus maridos.

Lord Windermere. Dumby, eres ridículo, y Cecil, te dejas llevar por tu lengua. Debes dejar en paz a Mrs. Erlynne. Realmente no saben nada de ella, y siempre estás hablando de escándalos en su contra.

Cecil Graham. [*Acercándose a él a la izquierda, por el centro*]. Mi querido Arthur, nunca hablo de escándalos. Sólo hablo de chismes.

Lord Windermere. ¿Y cuál es la diferencia entre el escándalo y los chismes?

Cecil Graham. Oh! gossip is charming! History is merely gossip. But scandal is gossip made tedious by morality. Now, I never moralise. A man who moralises is usually a hypocrite, and a woman who moralises is invariably plain. There is nothing in the whole world so unbecoming to a woman as a Nonconformist conscience. And most women know it, I'm glad to say.

Lord Augustus. Just my sentiments, dear boy, just my sentiments.

Cecil Graham. Sorry to hear it, Tuppy; whenever people agree with me, I always feel I must be wrong.

Lord Augustus. My dear boy, when I was your age—

Cecil Graham. But you never were, Tuppy, and you never will be. [*Goes up C.*] I say, Darlington, let us have some cards. You'll play, Arthur, won't you?

Lord Windermere. No, thanks, Cecil.

Dumby. [*With a sigh.*] Good heavens! how marriage ruins a man! It's as demoralising as cigarettes, and far more expensive.

Cecil Graham. You'll play, of course, Tuppy?

Lord Augustus. [*Pouring himself out a brandy and soda at table.*] Can't, dear boy. Promised Mrs. Erlynne never to play or drink again.

Cecil Graham. Now, my dear Tuppy, don't be led astray into the paths of virtue. Reformed, you would be perfectly tedious. That is the worst of women. They always want one to be good. And if we are good, when they meet us, they don't love us at all. They like to find us quite irretrievably bad, and to leave us quite unattractively good.

Lord Darlington. [*Rising from R. table, where he has been writing letters.*] They always do find us bad!

Cecil Graham. ¡Oh! ¡El chisme es encantador! La historia no es más que chismes. Pero el escándalo es el chisme hecho tedioso por la moral. Yo nunca moralizo. Un hombre que moraliza suele ser un hipócrita, y una mujer que moraliza es invariablemente llana. No hay nada en todo el mundo tan impropio en una mujer como una conciencia inconformista. Y la mayoría de las mujeres lo saben, me alegra decirlo.

Lord Augustus. Exactamente lo que yo pienso, querido muchacho, exactamente lo que pienso.

Cecil Graham. Siento oírlo, Tuppy; siempre que la gente está de acuerdo conmigo, pienso que debo estar equivocado.

Lord Augustus. Mi querido muchacho, cuando yo tenía tu edad...

Cecil Graham. Pero nunca la tuviste, Tuppy, y nunca la tendrás. [*Va al centro*]. Digo, Darlington, juguemos a los naipes. Jugarás, Arthur, ¿verdad?

Lord Windermere. No, gracias, Cecil.

Dumby. [*Con un suspiro*]. ¡Santo cielo! ¡Cómo arruina el matrimonio a un hombre! Es tan desmoralizador como los cigarrillos, y mucho más caro.

Cecil Graham. ¿Jugarás, por supuesto, Tuppy?

Lord Augustus. [*Sirviéndose un brandy con soda de la mesa*]. No puedo, querido muchacho. Prometí a Mrs. Erlynne no volver a jugar ni a beber.

Cecil Graham. Ahora bien, mi querido Tuppy, no te dejes llevar por los caminos de la virtud. Reformado, serías totalmente tedioso. Eso es lo peor de las mujeres. Siempre quieren que uno sea bueno. Y si somos buenos, cuando nos conocen, no nos quieren para nada. Les gusta encontrarnos irremediablemente malos, y dejarnos cuando somos bastante poco atractivos.

Lord Darlington. [*Se levanta de la mesa a la derecha, donde ha estado escribiendo cartas*]. ¡Siempre encuentran que somos malos!

Dumby. I don't think we are bad. I think we are all good, except Tuppy.

Lord Darlington. No, we are all in the gutter, but some of us are looking at the stars. [*Sits down at C. table.*]

Dumby. We are all in the gutter, but some of us are looking at the stars? Upon my word, you are very romantic to-night, Darlington.

Cecil Graham. Too romantic! You must be in love. Who is the girl?

Lord Darlington. The woman I love is not free, or thinks she isn't. [*Glances instinctively at* **Lord Windermere** *while he speaks.*]

Cecil Graham. A married woman, then! Well, there's nothing in the world like the devotion of a married woman. It's a thing no married man knows anything about.

Lord Darlington. Oh! she doesn't love me. She is a good woman. She is the only good woman I have ever met in my life.

Cecil Graham. The only good woman you have ever met in your life?

Lord Darlington. Yes!

Cecil Graham. [*Lighting a cigarette.*] Well, you are a lucky fellow! Why, I have met hundreds of good women. I never seem to meet any but good women. The world is perfectly packed with good women. To know them is a middle-class education.

Lord Darlington. This woman has purity and innocence. She has everything we men have lost.

Cecil Graham. My dear fellow, what on earth should we men do going about with purity and innocence? A carefully thought-out buttonhole is much more effective.

Dumby. She doesn't really love you then?

Dumby. No creo que seamos malos. Creo que todos somos buenos, excepto Tuppy.

Lord Darlington. No, todos estamos en la cuneta, pero algunos miramos a las estrellas. [*Se sienta en la mesa, al centro*].

Dumby. Todos estamos en la cuneta, pero algunos miramos a las estrellas... Con seguridad, estás muy romántico esta noche, Darlington.

Cecil Graham. ¡Demasiado romántico! Debes estar enamorado. ¿Quién es la muchacha?

Lord Darlington. La mujer que amo no está libre, o cree que no lo está. [*Mira instintivamente a* Lord Windermere *mientras habla*].

Cecil Graham. ¡Una mujer casada, entonces! Bueno, no hay nada en el mundo como la devoción de una mujer casada. Es algo de lo que ningún hombre casado sabe algo.

Lord Darlington. ¡Oh! Ella no me ama. Es una buena mujer. Es la única mujer buena que he conocido en mi vida.

Cecil Graham. ¿La única mujer buena que has conocido en tu vida?

Lord Darlington. ¡Sí!

Cecil Graham. [*Encendiendo un cigarrillo*]. ¡Bueno, eres un tipo con suerte! Vaya, he conocido a cientos de buenas mujeres. Parece que nunca conozco más que buenas mujeres. El mundo está completamente repleto de buenas mujeres. Se reconocen por su educación de clase media.

Lord Darlington. Esta mujer tiene pureza e inocencia. Tiene todo lo que los hombres hemos perdido.

Cecil Graham. Querido amigo, ¿qué demonios debemos hacer los hombres yendo por ahí con la pureza y la inocencia? Un ojal cuidadosamente adornado es mucho más eficaz.

Dumby. ¿Entonces no te quiere de verdad?

Lord Darlington. No, she does not!

Dumby. I congratulate you, my dear fellow. In this world there are only two tragedies. One is not getting what one wants, and the other is getting it. The last is much the worst; the last is a real tragedy! But I am interested to hear she does not love you. How long could you love a woman who didn't love you, Cecil?

Cecil Graham. A woman who didn't love me? Oh, all my life!

Dumby. So could I. But it's so difficult to meet one.

Lord Darlington. How can you be so conceited, Dumby?

Dumby. I didn't say it as a matter of conceit. I said it as a matter of regret. I have been wildly, madly adored. I am sorry I have. It has been an immense nuisance. I should like to be allowed a little time to myself now and then.

Lord Augustus. [*Looking round.*] Time to educate yourself, I suppose.

Dumby. No, time to forget all I have learned. That is much more important, dear Tuppy. [**Lord Augustus** *moves uneasily in his chair.*]

Lord Darlington. What cynics you fellows are!

Cecil Graham. What is a cynic? [*Sitting on the back of the sofa.*]

Lord Darlington. A man who knows the price of everything and the value of nothing.

Cecil Graham. And a sentimentalist, my dear Darlington, is a man who sees an absurd value in everything, and doesn't know the market price of any single thing.

Lord Darlington. You always amuse me, Cecil. You talk as if you were a man of experience.

Cecil Graham. I am. [*Moves up to front off fireplace.*]

Lord Darlington. ¡No, no lo hace!

Dumby. Te felicito, mi querido amigo. En este mundo sólo hay dos tragedias. Una es no conseguir lo que uno quiere, y la otra es conseguirlo. La última es mucho peor; ¡la última es una verdadera tragedia! Pero me interesa saber eso de que ella no te ama. ¿Cuánto tiempo podrías amar a una mujer que no te ama, Cecil?

Cecil Graham. ¿Una mujer que no me ama? ¡Oh, toda mi vida!

Dumby. Yo también podría. Pero es muy difícil conocer una.

Lord Darlington. ¿Cómo puedes ser tan engreído, Dumby?

Dumby. No lo dije como una cuestión de engreimiento. Lo dije como una cuestión de pesar. He sido salvajemente, locamente adorado. Lamento haberlo hecho. Ha sido una molestia inmensa. Me gustaría que me dejaran un poco de tiempo para mí de vez en cuando.

Lord Augustus. [*Mirando a su alrededor*]. Hora de educarse, supongo.

Dumby. No, es hora de olvidar todo lo que he aprendido. Eso es más importante, querido Tuppy. [**Lord Augustus** *se mueve inquieto en su silla*].

Lord Darlington. ¡Qué cínicos son ustedes!

Cecil Graham. ¿Qué es un cínico? [*Sentado en el respaldo del sofá*].

Lord Darlington. Un hombre que conoce el precio de todo y el valor de nada.

Cecil Graham. Y un sentimental, mi querido Darlington, es un hombre que ve un valor absurdo en todo, y no conoce el precio de mercado de ninguna cosa.

Lord Darlington. Siempre me diviertes, Cecil. Hablas como si fueras un hombre de experiencia.

Cecil Graham. Lo soy. [*Se mueve hacia el frente de la chimenea*].

Lord Darlington. You are far too young!

Cecil Graham. That is a great error. Experience is a question of instinct about life. I have got it. Tuppy hasn't. Experience is the name Tuppy gives to his mistakes. That is all. [**Lord Augustus** *looks round indignantly.*]

Dumby. Experience is the name every one gives to their mistakes.

Cecil Graham. [*Standing with his back to the fireplace.*] One shouldn't commit any. [*Sees* **Lady Windermere's** *fan on sofa.*]

Dumby. Life would be very dull without them.

Cecil Graham. Of course you are quite faithful to this woman you are in love with, Darlington, to this good woman?

Lord Darlington. Cecil, if one really loves a woman, all other women in the world become absolutely meaningless to one. Love changes one—*I* am changed.

Cecil Graham. Dear me! How very interesting! Tuppy, I want to talk to you. [**Lord Augustus** *takes no notice.*]

Dumby. It's no use talking to Tuppy. You might just as well talk to a brick wall.

Cecil Graham. But I like talking to a brick wall—it's the only thing in the world that never contradicts me! Tuppy!

Lord Augustus. Well, what is it? What is it? [*Rising and going over to* **Cecil Graham.**]

Cecil Graham. Come over here. I want you particularly. [*Aside.*] Darlington has been moralising and talking about the purity of love, and that sort of thing, and he has got some woman in his rooms all the time.

Lord Augustus. No, really! really!

Lord Darlington. ¡Tú eres demasiado joven!

Cecil Graham. Ese es un gran error. La experiencia es una cuestión de instinto sobre la vida. Yo lo tengo. Tuppy no lo tiene. Experiencia es el nombre que Tuppy da a sus errores. Eso es todo. [**Lord Augustus** *mira a su alrededor, indignado*].

Dumby. Experiencia es el nombre que cada uno da a sus errores.

Cecil Graham. [*De pie, de espaldas a la chimenea*]. No hay que cometer ninguno. [*Ve el abanico de* **Lady Windermere** *en el sofá*].

Dumby. La vida sería muy aburrida sin ellos.

Cecil Graham. Por supuesto, eres muy fiel a esta mujer de la que estás enamorado, Darlington, ¿a esta buena mujer?

Lord Darlington. Cecil, si uno ama de verdad a una mujer, todas las demás mujeres del mundo dejan de tener sentido para uno. El amor le cambia a *uno*, a mí me cambia.

Cecil Graham. ¡Dios mío! ¡Qué interesante! Tuppy, quiero hablar contigo. [**Lord Augustus** *no presta atención*].

Dumby. Es inútil hablar con Tuppy. Da igual que hables con una pared de ladrillo.

Cecil Graham. Pero me gusta hablar con una pared de ladrillo: ¡es lo único en el mundo que nunca me contradice! ¡Tuppy!

Lord Augustus. Bueno, ¿qué pasa? ¿Qué pasa? [*Levantándose y acercándose a* **Cecil Graham**].

Cecil Graham. Ven aquí. Quiero hablarte en privado. [*Aparte*]. Darlington ha estado moralizando y hablando sobre la pureza del amor, y ese tipo de cosas, y él tiene a alguna mujer en sus habitaciones todo el tiempo.

Lord Augustus. ¡No, no es posible! ¡De verdad!

CECIL GRAHAM. [*In a low voice.*] Yes, here is her fan. [*Points to the fan.*]

LORD AUGUSTUS. [*Chuckling.*] By Jove! By Jove!

LORD WINDERMERE. [*Up by door.*] I am really off now, Lord Darlington. I am sorry you are leaving England so soon. Pray call on us when you come back! My wife and I will be charmed to see you!

LORD DARLINGTON. [*Upstage with* LORD WINDERMERE.] I am afraid I shall be away for many years. Good-night!

CECIL GRAHAM. Arthur!

LORD WINDERMERE. What?

CECIL GRAHAM. I want to speak to you for a moment. No, do come!

LORD WINDERMERE. [*Putting on his coat.*] I can't—I'm off!

CECIL GRAHAM. It is something very particular. It will interest you enormously.

LORD WINDERMERE. [*Smiling.*] It is some of your nonsense, Cecil.

CECIL GRAHAM. It isn't! It isn't really.

LORD AUGUSTUS. [*Going to him.*] My dear fellow, you mustn't go yet. I have a lot to talk to you about. And Cecil has something to show you.

LORD WINDERMERE. [*Walking over.*] Well, what is it?

CECIL GRAHAM. Darlington has got a woman here in his rooms. Here is her fan. Amusing, isn't it? [*A pause.*]

LORD WINDERMERE. Good God! [*Seizes the fan—*DUMBY *rises.*]

CECIL GRAHAM. What is the matter?

LORD WINDERMERE. Lord Darlington!

Cecil Graham. [*En voz baja*]. Sí, aquí está su abanico. [*Señala el abanico*].

Lord Augustus. [*Riéndose*]. ¡Caramba! ¡Caramba!

Lord Windermere. [*Arriba, por la puerta*]. Ahora sí que me voy, Lord Darlington. Lamento que deje Inglaterra tan pronto. ¡Le ruego que nos visite cuando regrese! ¡Mi esposa y yo estaremos encantados de verle!

Lord Darlington. [*Va más arriba, con* Lord Windermere]. Me temo que estaré fuera muchos años. ¡Buenas noches!

Cecil Graham. ¡Arthur!

Lord Windermere. ¿Qué?

Cecil Graham. Quiero hablar contigo un momento. ¡No... ven aquí!

Lord Windermere. [*Poniéndose el abrigo*]. ¡No puedo, me voy!

Cecil Graham. Es algo muy importante. Esto te interesará enormemente.

Lord Windermere. [*Sonriendo*]. Es alguna de tus tonterías, Cecil.

Cecil Graham. ¡No lo es! Te aseguro que no lo es.

Lord Augustus. [*Dirigiéndose a él*]. Mi querido amigo, no debes irte todavía. Tengo mucho que hablar contigo. Y Cecil tiene algo que quiere mostrarte.

Lord Windermere. [*Acercándose*]. Bueno, ¿qué pasa?

Cecil Graham. Darlington tiene una mujer aquí en sus habitaciones. Aquí está su abanico. Divertido, ¿verdad? [*Una pausa*].

Lord Windermere. ¡Santo Dios! [*Coge el abanico...* Dumby *se pone de pie*].

Cecil Graham. ¿Cuál es el problema?

Lord Windermere. ¡Lord Darlington!

Lord Darlington. [*Turning round.*] Yes!

Lord Windermere. What is my wife's fan doing here in your rooms? Hands off, Cecil. Don't touch me.

Lord Darlington. Your wife's fan?

Lord Windermere. Yes, here it is!

Lord Darlington. [*Walking towards him.*] I don't know!

Lord Windermere. You must know. I demand an explanation. Don't hold me, you fool. [*To* **Cecil Graham.**]

Lord Darlington. [*Aside.*] She is here after all!

Lord Windermere. Speak, sir! Why is my wife's fan here? Answer me! By God! I'll search your rooms, and if my wife's here, I'll— [*Moves.*]

Lord Darlington. You shall not search my rooms. You have no right to do so. I forbid you!

Lord Windermere. You scoundrel! I'll not leave your room till I have searched every corner of it! What moves behind that curtain? [*Rushes towards the curtain C.*]

Mrs. Erlynne. [*Enters behind R.*] Lord Windermere!

Lord Windermere. Mrs. Erlynne!

[*Every one starts and turns round.* **Lady Windermere** *slips out from behind the curtain and glides from the room L.*]

Mrs. Erlynne. I am afraid I took your wife's fan in mistake for my own, when I was leaving your house to-night. I am so sorry. [*Takes fan from him.* **Lord Windermere** *looks at her in contempt.* **Lord Darlington** *in mingled astonishment and anger.* **Lord Augustus** *turns away. The other men smile at each other.*]

Act Drop

LORD DARLINGTON. [*Dándose la vuelta*]. ¡Sí!

LORD WINDERMERE. ¿Qué hace el abanico de mi esposa aquí en sus habitaciones? Quítame las manos de encima, Cecil. No me toques.

LORD DARLINGTON. ¿El abanico de su esposa?

LORD WINDERMERE. ¡Sí, aquí está!

LORD DARLINGTON. [*Caminando hacia él*]. ¡No lo sé!

LORD WINDERMERE. Debe saberlo. Exijo una explicación. No me retengas, tonto. [*A* CECIL GRAHAM].

LORD DARLINGTON. [Aparte]. ¡Ella está aquí después de todo!

LORD WINDERMERE. ¡Hable! ¿Qué hace aquí el abanico de mi esposa? ¡Dígame! ¡Dios! Registraré sus habitaciones, y si mi esposa está aquí, yo... [*Se mueve*].

LORD DARLINGTON. No registrará mis habitaciones. No tiene derecho a hacerlo. ¡Se lo prohíbo!

LORD WINDERMERE. ¡Sinvergüenza! ¡No dejaré su habitación hasta que haya registrado cada rincón de ella! ¿Qué se mueve detrás de esa cortina? [*Corre hacia la cortina, en el centro*].

MRS. ERLYNNE. [*Entra por detrás, a la derecha*]. ¡Lord Windermere!

LORD WINDERMERE. ¡Mrs. Erlynne!

[*Todos se sobresaltan y se dan la vuelta.* LADY WINDERMERE *sale de detrás de la cortina y se desliza fuera de la sala, a la izquierda*].

MRS. ERLYNNE. Me temo que tomé el abanico de su esposa por error pensando que era el mío, cuando salía de su casa esta noche. Lo siento mucho. [*Le quita el abanico.* LORD WINDERMERE *la mira con desprecio.* LORD DARLINGTON *con asombro y enfado mezclados.* LORD AUGUSTUS *se da la vuelta. Los otros hombres sonríen entre sí*].

Telón

FOURTH ACT

SCENE—*Same as in Act I.*

LADY WINDERMERE. [*Lying on sofa.*] How can I tell him? I can't tell him. It would kill me. I wonder what happened after I escaped from that horrible room. Perhaps she told them the true reason of her being there, and the real meaning of that—fatal fan of mine. Oh, if he knows—how can I look him in the face again? He would never forgive me. [*Touches bell.*] How securely one thinks one lives—out of reach of temptation, sin, folly. And then suddenly—Oh! Life is terrible. It rules us, we do not rule it.

[*Enter* ROSALIE *R.*]

ROSALIE. Did your ladyship ring for me?

LADY WINDERMERE. Yes. Have you found out at what time Lord Windermere came in last night?

ROSALIE. His lordship did not come in till five o'clock.

LADY WINDERMERE. Five o'clock? He knocked at my door this morning, didn't he?

ROSALIE. Yes, my lady—at half-past nine. I told him your ladyship was not awake yet.

LADY WINDERMERE. Did he say anything?

ROSALIE. Something about your ladyship's fan. I didn't quite catch what his lordship said. Has the fan been lost, my lady? I can't find it, and Parker says it was not left in any of the rooms. He has looked in all of them and on the terrace as well.

LADY WINDERMERE. It doesn't matter. Tell Parker not to trouble. That will do.

[*Exit* ROSALIE.]

CUARTO ACTO

ESCENA: *Igual que en el Acto I.*

Lady Windermere. [*Tumbada en el sofá*]. ¿Cómo puedo decírselo? No puedo decírselo. Me mataría. Me pregunto qué ocurrió después de que yo escapara de aquella horrible habitación. Tal vez ella les contó la verdadera razón de que estuviera allí, y el verdadero significado de ese fatal... abanico mío. Oh, si lo sabe, ¿cómo podré volver a mirarle a la cara? Nunca me lo perdonaría. [*Toca el timbre*]. Qué segura cree una que vive, fuera del alcance de la tentación, del pecado, de la locura. Y de repente... ¡oh! la vida es terrible. La vida nos gobierna, nosotros no gobernamos nuestra vida.

[*Entra* Rosalie *por la derecha*].

Rosalie. ¿Me ha llamado su señoría?

Lady Windermere. Sí. ¿Ha averiguado a qué hora llegó anoche Lord Windermere?

Rosalie. Su señoría no llegó hasta las cinco.

Lady Windermere. ¿A las cinco? Llamó a mi puerta esta mañana, ¿verdad?

Rosalie. Sí, milady... a las nueve y media. Yo le dije que su señoría aún no se había despertado.

Lady Windermere. ¿Y él dijo algo?

Rosalie. Algo sobre el abanico de su señoría. No entendí bien lo que dijo el señor. ¿Se ha perdido el abanico, milady? No lo encuentro, y Parker dice que no lo dejaron en ninguna de las habitaciones. Ha mirado en todas ellas y también en la terraza.

Lady Windermere. No importa. Dígale a Parker que no se moleste. Con eso bastará.

[*Sale* Rosalie].

Lady Windermere. [*Rising.*] She is sure to tell him. I can fancy a person doing a wonderful act of self-sacrifice, doing it spontaneously, recklessly, nobly—and afterwards finding out that it costs too much. Why should she hesitate between her ruin and mine? . . . How strange! I would have publicly disgraced her in my own house. She accepts public disgrace in the house of another to save me. . . . There is a bitter irony in things, a bitter irony in the way we talk of good and bad women. . . . Oh, what a lesson! and what a pity that in life we only get our lessons when they are of no use to us! For even if she doesn't tell, I must. Oh! the shame of it, the shame of it. To tell it is to live through it all again. Actions are the first tragedy in life, words are the second. Words are perhaps the worst. Words are merciless. . . . Oh! [*Starts as* **Lord Windermere** *enters.*]

Lord Windermere. [*Kisses her.*] Margaret—how pale you look!

Lady Windermere. I slept very badly.

Lord Windermere. [*Sitting on sofa with her.*] I am so sorry. I came in dreadfully late, and didn't like to wake you. You are crying, dear.

Lady Windermere. Yes, I am crying, for I have something to tell you, Arthur.

Lord Windermere. My dear child, you are not well. You've been doing too much. Let us go away to the country. You'll be all right at Selby. The season is almost over. There is no use staying on. Poor darling! We'll go away to-day, if you like. [*Rises.*] We can easily catch the 3.40. I'll send a wire to Fannen. [*Crosses and sits down at table to write a telegram.*]

Lady Windermere. Yes; let us go away to-day. No; I can't go to-day, Arthur. There is some one I must see before I leave town—some one who has been kind to me.

Lord Windermere. [*Rising and leaning over sofa.*] Kind to you?

Lady Windermere. Far more than that. [*Rises and goes to him.*] I will tell

LADY WINDERMERE. [*Poniéndose de pie*]. Seguro que ella se lo dirá. Me imagino a una persona haciendo un maravilloso acto de abnegación, haciéndolo espontánea, temeraria, noblemente, y descubriendo después que cuesta demasiado. ¿Por qué debería dudar ella entre su ruina y la mía?... ¡Qué extraño! Yo la habría deshonrado públicamente en mi propia casa. Ella acepta la deshonra pública en casa de otro para salvarme... Hay una amarga ironía en las cosas, una amarga ironía en la forma en que hablamos de mujeres buenas y malas... ¡Oh, qué lección! ¡Y qué lástima que en la vida sólo recibamos las lecciones cuando ya no nos sirven de nada! Porque aunque ella no lo cuente, yo debo hacerlo. ¡Oh! Qué vergüenza, qué vergüenza. Contarlo es volver a vivirlo todo. Las acciones son la primera tragedia en la vida, las palabras son la segunda. Las palabras son quizá las peores. Las palabras son despiadadas... ¡Oh! [*Se sobresalta cuando entra* LORD WINDERMERE].

LORD WINDERMERE. [*La besa*]. ¡Margaret... qué pálida estás!

LADY WINDERMERE. He dormido muy mal.

LORD WINDERMERE. [*Sentado en el sofá, junto a ella*]. Lo siento mucho. Llegué terriblemente tarde y no quise despertarte. Estás llorando, querida.

LADY WINDERMERE. Sí, estoy llorando, porque tengo algo que decirte, Arthur.

LORD WINDERMERE. Mi querida niña, no estás bien. Has estado haciendo demasiado. Vayámonos al campo. Estarás bien en Selby. La temporada casi ha terminado. No tiene sentido quedarse. ¡Pobrecita! Nos iremos hoy, si quieres. [*Se pone de pie*]. Podemos coger fácilmente el tren de las 3:40. Enviaré un telegrama a Fannen. [*Cruza y se sienta a la mesa para escribir un telegrama*].

LADY WINDERMERE. Sí... vámonos hoy. No... no puedo irme hoy, Arthur. Hay alguien a quien debo ver antes de dejar la ciudad... alguien que ha sido amable conmigo.

LORD WINDERMERE. [*Levantándose e inclinándose sobre el sofá*]. ¿Amable contigo?

LADY WINDERMERE. Mucho más que eso. [*Se levanta y va hacia él*]. Te lo diré,

you, Arthur, but only love me, love me as you used to love me.

LORD WINDERMERE. Used to? You are not thinking of that wretched woman who came here last night? [*Coming round and sitting R. of her.*] You don't still imagine—no, you couldn't.

LADY WINDERMERE. I don't. I know now I was wrong and foolish.

LORD WINDERMERE. It was very good of you to receive her last night—but you are never to see her again.

LADY WINDERMERE. Why do you say that? [*A pause.*]

LORD WINDERMERE. [*Holding her hand.*] Margaret, I thought Mrs. Erlynne was a woman more sinned against than sinning, as the phrase goes. I thought she wanted to be good, to get back into a place that she had lost by a moment's folly, to lead again a decent life. I believed what she told me—I was mistaken in her. She is bad—as bad as a woman can be.

LADY WINDERMERE. Arthur, Arthur, don't talk so bitterly about any woman. I don't think now that people can be divided into the good and the bad as though they were two separate races or creations. What are called good women may have terrible things in them, mad moods of recklessness, assertion, jealousy, sin. Bad women, as they are termed, may have in them sorrow, repentance, pity, sacrifice. And I don't think Mrs. Erlynne a bad woman—I know she's not.

LORD WINDERMERE. My dear child, the woman's impossible. No matter what harm she tries to do us, you must never see her again. She is inadmissible anywhere.

LADY WINDERMERE. But I want to see her. I want her to come here.

LORD WINDERMERE. Never!

LADY WINDERMERE. She came here once as *your* guest. She must come now as *mine*. That is but fair.

LORD WINDERMERE. She should never have come here.

Arthur, pero sólo ámame, ámame como solías amarme.

Lord Windermere. ¿Como solía? ¿No estarás pensando en esa desdichada mujer que vino aquí anoche? [*Dando la vuelta y sentándose a la derecha de ella*]. No te imaginas aún... no, no puedes.

Lady Windermere. No lo hago. Ahora sé que me equivoqué y fui una tonta.

Lord Windermere. Fuiste muy amable al recibirla anoche, pero no volverás a verla.

Lady Windermere. ¿Por qué dices eso? [*Una pausa*].

Lord Windermere. [*Cogiéndole la mano*]. Margaret, creía que Mrs. Erlynne era una mujer más pecadora que el pecado mismo. Creí que quería ser buena, volver al lugar que había perdido por un momento de insensatez, llevar de nuevo una vida decente. Creí lo que me dijo... me equivoqué con ella. Ella es mala, tan mala como puede serlo una mujer.

Lady Windermere. Arthur, Arthur, no hables tan amargamente de ninguna mujer. Ya no creo que se pueda dividir a las personas en buenas y malas como si fueran dos razas o creaciones distintas. Las que se llaman mujeres buenas pueden tener cosas terribles en ellas, locuras de imprudencia, afirmación, celos, pecado. Las mujeres malas, como se las llama, pueden tener en ellas pena, arrepentimiento, piedad, sacrificio. Y no creo que Mrs. Erlynne sea una mala mujer... sé que no lo es.

Lord Windermere. Mi querida niña, esa mujer es imposible. No importa el daño que intente hacernos, no debes volver a verla. Ella es inadmisible en cualquier lugar.

Lady Windermere. Pero quiero verla. Quiero que venga aquí.

Lord Windermere. ¡Nunca!

Lady Windermere. Ella vino aquí una vez como *tu* invitada. Ahora debe venir como la *mía*. Eso es lo más justo.

Lord Windermere. Ella nunca debería haber venido aquí.

Lady Windermere. [*Rising.*] It is too late, Arthur, to say that now. [*Moves away.*]

Lord Windermere. [*Rising.*] Margaret, if you knew where Mrs. Erlynne went last night, after she left this house, you would not sit in the same room with her. It was absolutely shameless, the whole thing.

Lady Windermere. Arthur, I can't bear it any longer. I must tell you. Last night—

[*Enter* **Parker** *with a tray on which lie* **Lady Windermere's** *fan and a card.*]

Parker. Mrs. Erlynne has called to return your ladyship's fan which she took away by mistake last night. Mrs. Erlynne has written a message on the card.

Lady Windermere. Oh, ask Mrs. Erlynne to be kind enough to come up. [*Reads card.*] Say I shall be very glad to see her.

[*Exit* **Parker.**]

She wants to see me, Arthur.

Lord Windermere. [*Takes card and looks at it.*] Margaret, I *beg* you not to. Let me see her first, at any rate. She's a very dangerous woman. She is the most dangerous woman I know. You don't realise what you're doing.

Lady Windermere. It is right that I should see her.

Lord Windermere. My child, you may be on the brink of a great sorrow. Don't go to meet it. It is absolutely necessary that I should see her before you do.

Lady Windermere. Why should it be necessary?

[*Enter* **Parker.**]

Lady Windermere. [*Se pone de pie*]. Es demasiado tarde, Arthur, para decir eso ahora. [*Se aleja*].

Lord Windermere. [*Poniéndose de pie*]. Margaret, si supieras adónde fue Mrs. Erlynne anoche, después de salir de esta casa, no te sentarías en la misma habitación con ella. Fue absolutamente desvergonzado, todo el asunto.

Lady Windermere. Arthur, no puedo soportarlo más. Debo contártelo. Anoche...

[*Entra* Parker *con una bandeja con el abanico de* Lady Windermere *y una tarjeta*].

Parker. Mrs. Erlynne ha venido para devolverle a su señoría el abanico que se llevó por error anoche. Mrs. Erlynne ha escrito un mensaje en la tarjeta.

Lady Windermere. Oh, pídale a Mrs. Erlynne que tenga la amabilidad de subir. [*Lee la tarjeta*]. Dígale que me alegrará mucho verla.

[*Sale* Parker].

Quiere verme, Arthur.

Lord Windermere. [*Coge la tarjeta y la mira*]. Margaret, te *ruego* que no lo hagas. Déjame verla primero, en todo caso. Es una mujer muy peligrosa. Es la mujer más peligrosa que conozco. No te das cuenta de lo que estás haciendo.

Lady Windermere. Es justo que la vea.

Lord Windermere. Hija mía, puede que estés al borde de causarte una gran pena. No vayas a su encuentro. Es absolutamente necesario que yo la vea antes que tú.

Lady Windermere. ¿Por qué iba a ser necesario?

[*Entra* Parker].

Parker. Mrs. Erlynne.

[*Enter* **Mrs. Erlynne.**]

[*Exit* **Parker.**]

Mrs. Erlynne. How do you do, Lady Windermere? [*To* **Lord Windermere.**] How do you do? Do you know, Lady Windermere, I am so sorry about your fan. I can't imagine how I made such a silly mistake. Most stupid of me. And as I was driving in your direction, I thought I would take the opportunity of returning your property in person with many apologies for my carelessness, and of bidding you good-bye.

Lady Windermere. Good-bye? [*Moves towards sofa with* **Mrs. Erlynne** *and sits down beside her.*] Are you going away, then, Mrs. Erlynne?

Mrs. Erlynne. Yes; I am going to live abroad again. The English climate doesn't suit me. My—heart is affected here, and that I don't like. I prefer living in the south. London is too full of fogs and—and serious people, Lord Windermere. Whether the fogs produce the serious people or whether the serious people produce the fogs, I don't know, but the whole thing rather gets on my nerves, and so I'm leaving this afternoon by the Club Train.

Lady Windermere. This afternoon? But I wanted so much to come and see you.

Mrs. Erlynne. How kind of you! But I am afraid I have to go.

Lady Windermere. Shall I never see you again, Mrs. Erlynne?

Mrs. Erlynne. I am afraid not. Our lives lie too far apart. But there is a little thing I would like you to do for me. I want a photograph of you, Lady Windermere—would you give me one? You don't know how gratified I should be.

Lady Windermere. Oh, with pleasure. There is one on that table. I'll show it to you. [*Goes across to the table.*]

PARKER. Mrs. Erlynne.

[*Entra* MRS. ERLYNNE.]

[*Sale* PARKER].

MRS. ERLYNNE. ¿Cómo está usted, Lady Windermere? [*A* LORD WINDERMERE]. ¿Cómo está usted? Sabe, Lady Windermere, siento mucho lo de su abanico. No puedo entender cómo cometí un error tan tonto. Muy estúpido de mi parte. Y como venía en esta dirección, pensé en aprovechar la oportunidad de devolvérselo en persona con muchas disculpas por mi descuido, y de despedirme de usted.

LADY WINDERMERE. ¿Despedirse? [Se *dirige hacia el sofá con* MRS. ERLYNNE *y se sienta a su lado*]. ¿Se va de viaje, entonces, Mrs. Erlynne?

MRS. ERLYNNE. Sí; voy a vivir de nuevo en el extranjero. El clima inglés no me sienta bien. Mi… corazón se resiente aquí, y eso no me agrada. Prefiero vivir en el sur. Londres está demasiado lleno de niebla y… y de gente seria, Lord Windermere. Si la niebla produce a la gente seria o si la gente seria produce la niebla, no lo sé, pero todo esto me pone bastante nerviosa, y por eso me voy esta tarde en el tren de lujo.

LADY WINDERMERE. ¿Esta tarde? Pero tenía tantas ganas de venir a verla.

MRS. ERLYNNE. ¡Qué amable de su parte! Pero me temo que tengo que irme.

LADY WINDERMERE. ¿No volveré a verla, Mrs. Erlynne?

MRS. ERLYNNE. Me temo que no. Nuestras vidas están demasiado separadas. Pero hay una pequeña cosa que me gustaría que hiciera por mí. Quiero una fotografía suya, Lady Windermere… ¿me la daría? No sabe lo gratificada que estaría.

LADY WINDERMERE. Oh, con mucho gusto. Hay una en esta mesa. Se la mostraré. [*Va hacia la mesa*].

Lord Windermere. [*Coming up to* **Mrs. Erlynne** *and speaking in a low voice.*] It is monstrous your intruding yourself here after your conduct last night.

Mrs. Erlynne. [*With an amused smile.*] My dear Windermere, manners before morals!

Lady Windermere. [*Returning.*] I'm afraid it is very flattering—I am not so pretty as that. [*Showing photograph.*]

Mrs. Erlynne. You are much prettier. But haven't you got one of yourself with your little boy?

Lady Windermere. I have. Would you prefer one of those?

Mrs. Erlynne. Yes.

Lady Windermere. I'll go and get it for you, if you'll excuse me for a moment. I have one upstairs.

Mrs. Erlynne. So sorry, Lady Windermere, to give you so much trouble.

Lady Windermere. [*Moves to door R.*] No trouble at all, Mrs. Erlynne.

Mrs. Erlynne. Thanks so much.

[*Exit* **Lady Windermere** *R.*] You seem rather out of temper this morning, Windermere. Why should you be? Margaret and I get on charmingly together.

Lord Windermere. I can't bear to see you with her. Besides, you have not told me the truth, Mrs. Erlynne.

Mrs. Erlynne. I have not told *her* the truth, you mean.

Lord Windermere. [*Standing C.*] I sometimes wish you had. I should have been spared then the misery, the anxiety, the annoyance of the last six months. But rather than my wife should know—that

LORD WINDERMERE. [Se *acerca a* MRS. ERLYNNE *y le habla en voz baja*]. Es monstruoso que se entrometa aquí después de su conducta de anoche.

MRS. ERLYNNE. [*Con una sonrisa pícara*]. ¡Mi querido Windermere, los modales antes que la moral!

LADY WINDERMERE. [*Volviendo*]. Me temo que es muy halagadora, no soy tan guapa. [*Mostrando la fotografía*].

MRS. ERLYNNE. Usted es mucho más guapa en persona. ¿Pero no tiene una de usted con su hijito?

LADY WINDERMERE. Sí. ¿Prefiere una de esas?

MRS. ERLYNNE. Sí.

LADY WINDERMERE. Iré a buscarla, si me disculpa un momento. Tengo una arriba.

MRS. ERLYNNE. Siento mucho, Lady Windermere, causarle tantas molestias.

LADY WINDERMERE. [*Se dirige a la puerta de la derecha*]. Ningún problema, Mrs. Erlynne.

MRS. ERLYNNE. Muchas gracias.

[LADY WINDERMERE *sale por la derecha*]. Parece usted bastante fuera de sí esta mañana, Windermere. ¿Por qué debería estarlo? Margaret y yo nos llevamos encantadoramente bien.

LORD WINDERMERE. No puedo soportar verla con ella. Además, no me ha dicho la verdad, Mrs. Erlynne.

MRS. ERLYNNE. No le he dicho la verdad a *ella,* querrá decir.

LORD WINDERMERE. [*De pie en el centro*]. A veces desearía que lo hubiera hecho. Me habría ahorrado entonces la miseria, la ansiedad, las molestias de los últimos seis meses. Pero antes de que mi esposa supiera...

the mother whom she was taught to consider as dead, the mother whom she has mourned as dead, is living—a divorced woman, going about under an assumed name, a bad woman preying upon life, as I know you now to be—rather than that, I was ready to supply you with money to pay bill after bill, extravagance after extravagance, to risk what occurred yesterday, the first quarrel I have ever had with my wife. You don't understand what that means to me. How could you? But I tell you that the only bitter words that ever came from those sweet lips of hers were on your account, and I hate to see you next her. You sully the innocence that is in her. [*Moves L.C.*] And then I used to think that with all your faults you were frank and honest. You are not.

Mrs. Erlynne. Why do you say that?

Lord Windermere. You made me get you an invitation to my wife's ball.

Mrs. Erlynne. For my daughter's ball—yes.

Lord Windermere. You came, and within an hour of your leaving the house you are found in a man's rooms—you are disgraced before every one. [*Goes up stage C.*]

Mrs. Erlynne. Yes.

Lord Windermere. [*Turning round on her.*] Therefore I have a right to look upon you as what you are—a worthless, vicious woman. I have the right to tell you never to enter this house, never to attempt to come near my wife—

Mrs. Erlynne. [*Coldly.*] My daughter, you mean.

Lord Windermere. You have no right to claim her as your daughter. You left her, abandoned her when she was but a child in the cradle, abandoned her for your lover, who abandoned you in turn.

Mrs. Erlynne. [*Rising.*] Do you count that to his credit, Lord Windermere—or to mine?

que la madre a la que le enseñaron a considerar muerta, la madre a la que ha llorado como muerta, está viva... una mujer divorciada, que va por ahí con un nombre falso, una mala mujer que se aprovecha de la vida, como sé que usted lo hace ahora... antes que eso, estaba dispuesto a suministrarle dinero para pagar factura tras factura, extravagancia tras extravagancia, antes que arriesgarme a lo que ocurrió ayer, la primera pelea que he tenido con mi esposa. Usted no comprende lo que eso significa para mí. ¿Cómo podría? Pero le digo que las únicas palabras amargas que han salido de los dulces labios de ella han sido por su culpa, y odio verla junto a ella. Usted mancilla la inocencia que hay en ella. [*Se mueve hacia la izquierda*]. Y yo solía pensar que, con todos sus defectos, usted era franca y honesta. No lo es.

Mrs. Erlynne. ¿Por qué dice eso?

Lord Windermere. Me hizo conseguirle una invitación para el baile de gala de mi esposa.

Mrs. Erlynne. Para el baile de gala de mi hija... sí.

Lord Windermere. Vino, y una hora después de salir de casa la encuentran en las habitaciones de un hombre... está deshonrada ante todos. [*Se adelanta por el escenario, por el centro*].

Mrs. Erlynne. Sí.

Lord Windermere. [*Volviéndose sobre ella*]. Por lo tanto, tengo derecho a verla como lo que es... una mujer despreciable y viciosa. Tengo derecho a exigirle que nunca entre en esta casa, que nunca intente acercarse a mi esposa...

Mrs. Erlynne. [*Fríamente*]. A mi hija, querrá decir.

Lord Windermere. No tiene derecho a reclamarla como su hija. Usted la abandonó, la abandonó cuando no era más que una niña en la cuna, la abandonó por su amante, que la abandonó a su vez.

Mrs. Erlynne. [*Poniéndose de pie*]. ¿Piensa que eso es culpa de él, Lord Windermere... o mía?

Lord Windermere. To his, now that I know you.

Mrs. Erlynne. Take care—you had better be careful.

Lord Windermere. Oh, I am not going to mince words for you. I know you thoroughly.

Mrs. Erlynne. [*Looks steadily at him.*] I question that.

Lord Windermere. I *do* know you. For twenty years of your life you lived without your child, without a thought of your child. One day you read in the papers that she had married a rich man. You saw your hideous chance. You knew that to spare her the ignominy of learning that a woman like you was her mother, I would endure anything. You began your blackmailing.

Mrs. Erlynne. [*Shrugging her shoulders.*] Don't use ugly words, Windermere. They are vulgar. I saw my chance, it is true, and took it.

Lord Windermere. Yes, you took it—and spoiled it all last night by being found out.

Mrs. Erlynne. [*With a strange smile.*] You are quite right, I spoiled it all last night.

Lord Windermere. And as for your blunder in taking my wife's fan from here and then leaving it about in Darlington's rooms, it is unpardonable. I can't bear the sight of it now. I shall never let my wife use it again. The thing is soiled for me. You should have kept it and not brought it back.

Mrs. Erlynne. I think I shall keep it. [*Goes up.*] It's extremely pretty. [*Takes up fan.*] I shall ask Margaret to give it to me.

Lord Windermere. I hope my wife will give it you.

Mrs. Erlynne. Oh, I'm sure she will have no objection.

Lord Windermere. I wish that at the same time she would give you a miniature she kisses every night before she prays—It's the minia-

Lord Windermere. La suya, ahora que la conozco.

Mrs. Erlynne. Tenga cuidado... es mejor que tenga cuidado.

Lord Windermere. Oh, no voy a andarme con rodeos con usted. La conozco a fondo.

Mrs. Erlynne. [*Le mira fijamente*]. Tengo mis dudas.

Lord Windermere. Yo *la* conozco. Durante veinte años de su vida vivió usted sin su hija, sin pensar en su hija. Un día leyó en el periódico que ella se había casado con un hombre rico. Vio allí su horrible oportunidad. Sabía que para evitarle la ignominia de saber que una mujer como usted era su madre, yo soportaría cualquier cosa. Comenzó a chantajearme.

Mrs. Erlynne. [*Encogiéndose de hombros*]. No use palabras feas, Windermere. Son vulgares. Vi mi oportunidad, es cierto, y la aproveché.

Lord Windermere. Sí, lo aprovechó... y lo estropeó todo anoche al ser descubierta.

Mrs. Erlynne. [*Con una extraña sonrisa*]. Tiene toda la razón, lo estropeé todo anoche.

Lord Windermere. Y en cuanto a su error garrafal al llevarse de aquí el abanico de mi esposa y luego dejarlo por ahí en las habitaciones de Darlington, es imperdonable. Ahora no soporto verlo. Nunca dejaré que mi mujer vuelva a usarlo. Esa cosa está sucia para mí. Debería haberlo guardado y no traerlo de vuelta.

Mrs. Erlynne. Creo que me lo quedaré. [*Se pone de pie*]. Es extremadamente bonito. [*Coge el abanico*]. Le pediré a Margaret que me lo regale.

Lord Windermere. Espero que mi esposa se lo dé.

Mrs. Erlynne. Oh, estoy segura de que ella no tendrá ninguna objeción.

Lord Windermere. Me gustaría que al mismo tiempo le regalara una miniatura que besa todas las noches antes de rezar... es la miniatura de

ture of a young innocent-looking girl with beautiful *dark* hair.

MRS. ERLYNNE. Ah, yes, I remember. How long ago that seems! [*Goes to sofa and sits down.*] It was done before I was married. Dark hair and an innocent expression were the fashion then, Windermere! [*A pause.*]

LORD WINDERMERE. What do you mean by coming here this morning? What is your object? [*Crossing L.C. and sitting.*]

MRS. ERLYNNE. [*With a note of irony in her voice.*] To bid good-bye to my dear daughter, of course. [LORD WINDERMERE *bites his under lip in anger.* MRS. ERLYNNE *looks at him, and her voice and manner become serious. In her accents as she talks there is a note of deep tragedy. For a moment she reveals herself.*] Oh, don't imagine I am going to have a pathetic scene with her, weep on her neck and tell her who I am, and all that kind of thing. I have no ambition to play the part of a mother. Only once in my life have I known a mother's feelings. That was last night. They were terrible—they made me suffer—they made me suffer too much. For twenty years, as you say, I have lived childless,—I want to live childless still. [*Hiding her feelings with a trivial laugh.*] Besides, my dear Windermere, how on earth could I pose as a mother with a grown-up daughter? Margaret is twenty-one, and I have never admitted that I am more than twenty-nine, or thirty at the most. Twenty-nine when there are pink shades, thirty when there are not. So you see what difficulties it would involve. No, as far as I am concerned, let your wife cherish the memory of this dead, stainless mother. Why should I interfere with her illusions? I find it hard enough to keep my own. I lost one illusion last night. I thought I had no heart. I find I have, and a heart doesn't suit me, Windermere. Somehow it doesn't go with modern dress. It makes one look old. [*Takes up hand-mirror from table and looks into it.*] And it spoils one's career at critical moments.

LORD WINDERMERE. You fill me with horror—with absolute horror.

MRS. ERLYNNE. [*Rising.*] I suppose, Windermere, you would like me to retire into a convent, or become a hospital nurse, or something of that kind, as people do in silly modern novels. That is stupid of you,

una joven de aspecto inocente con un hermoso cabello *oscuro.*

MRS. ERLYNNE. Ah, sí, la recuerdo. ¡Parece que fuera hace tanto tiempo! [*Va al sofá y se sienta*]. Fue antes de casarme. ¡El pelo oscuro y una expresión inocente eran la moda de entonces, Windermere! [*Una pausa*].

LORD WINDERMERE. ¿Para qué vino aquí esta mañana? ¿Cuál es su objetivo? [*Cruzando de la izquierda al centro y sentándose*].

MRS. ERLYNNE. [*Con una nota de ironía en su voz*]. Para despedirme de mi querida hija, por supuesto. [LORD WINDERMERE *se muerde el labio inferior con rabia.* MRS. ERLYNNE *le mira, y su voz y sus modales se vuelven serios. En sus acentos, mientras habla, hay una nota de profunda tragedia. Por un momento se revela*]. Oh, no se imagine que voy a hacer una escena patética con ella, llorar sobre su cuello y decirle quién soy, y todo ese tipo de cosas. No tengo ninguna ambición de interpretar el papel de una madre. Sólo una vez en mi vida he conocido los sentimientos de una madre. Eso fue anoche. Fueron terribles... me hicieron sufrir... me hicieron sufrir demasiado. Durante veinte años, como usted dice, he vivido sin hijos... quiero vivir sin hijos todavía. [*Ocultando sus sentimientos con una risa trivial*]. Además, mi querido Windermere, ¿cómo demonios podría hacerme pasar por una madre con una hija adulta? Margaret tiene veintiún años, y yo nunca he admitido que tenga más de veintinueve, o treinta como mucho. Veintinueve cuando me maquillo con tonos rosados, treinta cuando no. Así que ya ve qué dificultades entrañaría. No, en lo que a mí respecta, deje que su esposa abrigue el recuerdo de esta madre muerta y sin mancha. ¿Por qué debería interferir en sus ilusiones? Ya me cuesta bastante mantener las mías. Anoche perdí una ilusión. Pensé que no tenía corazón. Descubro que lo tengo, y un corazón no me sienta bien, Windermere. De alguna manera no va con la vestimenta moderna. Hace que una parezca vieja. [*Coge un espejo de mano de la mesa y se mira en él*]. Y estropea la carrera de una en los momentos críticos.

LORD WINDERMERE. Usted me llena de horror, de horror absoluto.

MRS. ERLYNNE. [*Poniéndose de pie*]. Supongo, Windermere, que le gustaría que me retirara a un convento, o que me convirtiera en enfermera de hospital, o algo por el estilo, como hace la gente en las tontas novelas

Arthur; in real life we don't do such things—not as long as we have any good looks left, at any rate. No—what consoles one nowadays is not repentance, but pleasure. Repentance is quite out of date. And besides, if a woman really repents, she has to go to a bad dressmaker, otherwise no one believes in her. And nothing in the world would induce me to do that. No; I am going to pass entirely out of your two lives. My coming into them has been a mistake—I discovered that last night.

LORD WINDERMERE. A fatal mistake.

MRS. ERLYNNE. [*Smiling.*] Almost fatal.

LORD WINDERMERE. I am sorry now I did not tell my wife the whole thing at once.

MRS. ERLYNNE. I regret my bad actions. You regret your good ones—that is the difference between us.

LORD WINDERMERE. I don't trust you. I *will* tell my wife. It's better for her to know, and from me. It will cause her infinite pain—it will humiliate her terribly, but it's right that she should know.

MRS. ERLYNNE. You propose to tell her?

LORD WINDERMERE. I am going to tell her.

MRS. ERLYNNE. [*Going up to him.*] If you do, I will make my name so infamous that it will mar every moment of her life. It will ruin her, and make her wretched. If you dare to tell her, there is no depth of degradation I will not sink to, no pit of shame I will not enter. You shall not tell her—I forbid you.

LORD WINDERMERE. Why?

MRS. ERLYNNE. [*After a pause.*] If I said to you that I cared for her, perhaps loved her even—you would sneer at me, wouldn't you?

LORD WINDERMERE. I should feel it was not true. A mother's love means

modernas. Eso es una estupidez de tu parte, Arthur; en la vida real no hacemos esas cosas; no mientras tengamos un buen aspecto, al menos. No... lo que la consuela a una hoy en día no es el arrepentimiento, sino el placer. El arrepentimiento está bastante pasado de moda. Y además, si una mujer se arrepiente de verdad, tiene que ir a una modista mala, de lo contrario nadie cree en ella. Y nada en el mundo me induciría a hacerlo. No; voy a salir completamente de las vidas de ustedes dos. Haber entrado en la vida de ustedes ha sido un error... lo descubrí anoche.

Lord Windermere. Un error fatal.

Mrs. Erlynne. [*Sonriendo*]. Casi fatal.

Lord Windermere. Ahora lamento no habérselo contado todo a mi esposa de inmediato.

Mrs. Erlynne. Yo me arrepiento de mis malas acciones. Usted se arrepiente de las buenas... ésa es la diferencia entre nosotros.

Lord Windermere. No confío en usted. Usted se lo *dirá* a mi esposa. Es mejor que ella lo sepa, y que sea yo quien se lo diga. Le causará un dolor infinito... la humillará terriblemente, pero es justo que lo sepa.

Mrs. Erlynne. ¿Está pensando en decírselo?

Lord Windermere. Voy a decírselo.

Mrs. Erlynne. [*Acercándose a él*]. Si lo hace, haré que mi nombre sea tan infame que estropeará cada momento de la vida de ella. La arruinará y la hará desdichada. Si se atreve a decírselo, no hay profundidad de degradación a la que no me hunda, ni pozo de vergüenza en el que no entre. No se lo dirá, se lo prohíbo.

Lord Windermere. ¿Y eso, por qué?

Mrs. Erlynne. [*Tras una pausa*]. Si le dijera que me preocupo por ella, tal vez incluso que la amo... se burlaría de mí, ¿verdad?

Lord Windermere. Pensaría que no es verdad. El amor de una madre sig-

devotion, unselfishness, sacrifice. What could you know of such things?

MRS. ERLYNNE. You are right. What could I know of such things? Don't let us talk any more about it—as for telling my daughter who I am, that I do not allow. It is my secret, it is not yours. If I make up my mind to tell her, and I think I will, I shall tell her before I leave the house—if not, I shall never tell her.

LORD WINDERMERE. [*Angrily.*] Then let me beg of you to leave our house at once. I will make your excuses to Margaret.

[*Enter* LADY WINDERMERE *R. She goes over to* MRS. ERLYNNE *with the photograph in her hand.* LORD WINDERMERE *moves to back of sofa, and anxiously watches* MRS. ERLYNNE *as the scene progresses.*]

LADY WINDERMERE. I am so sorry, Mrs. Erlynne, to have kept you waiting. I couldn't find the photograph anywhere. At last I discovered it in my husband's dressing-room—he had stolen it.

MRS. ERLYNNE. [*Takes the photograph from her and looks at it.*] I am not surprised—it is charming. [*Goes over to sofa with* LADY WINDERMERE, *and sits down beside her. Looks again at the photograph.*] And so that is your little boy! What is he called?

LADY WINDERMERE. Gerard, after my dear father.

MRS. ERLYNNE. [*Laying the photograph down.*] Really?

LADY WINDERMERE. Yes. If it had been a girl, I would have called it after my mother. My mother had the same name as myself, Margaret.

MRS. ERLYNNE. My name is Margaret too.

LADY WINDERMERE. Indeed!

MRS. ERLYNNE. Yes. [*Pause.*] You are devoted to your mother's memory, Lady Windermere, your husband tells me.

LADY WINDERMERE. We all have ideals in life. At least we all should have.

nifica devoción, desinterés, sacrificio. ¿Qué puede saber usted de esas cosas?

Mrs. Erlynne. Tiene usted razón. ¿Qué podría saber yo de esas cosas? No hablemos más de ello... en cuanto a decirle a mi hija quién soy, eso no lo permito. Es mi secreto, no el suyo. Si me decido a decírselo, y creo que lo haré, se lo diré antes de dejar esta casa... si no, no se lo diré nunca.

Lord Windermere. [*Enfadado*]. Entonces permítame rogarle que abandone nuestra casa de inmediato. Presentaré sus excusas a Margaret.

[*Entra* Lady Windermere *por la derecha. Se acerca a* Mrs. Erlynne *con la fotografía en la mano.* Lord Windermere *se traslada al respaldo del sofá y observa ansiosamente a* Mrs. Erlynne *mientras avanza la escena*].

Lady Windermere. Siento mucho, Mrs. Erlynne, haberla hecho esperar. No podía encontrar la fotografía por ninguna parte. Por fin la descubrí en el vestidor de mi marido... él la había robado.

Mrs. Erlynne. [*Toma la fotografía y la mira*]. No me sorprende, es encantadora. [*Se acerca al sofá con* Lady Windermere *y se sienta a su lado. Mira de nuevo la fotografía*]. ¡Así que ése es su hijito! ¿Cómo se llama?

Lady Windermere. Gerard, por mi querido padre.

Mrs. Erlynne. [*Dejando la fotografía*]. ¿En verdad?

Lady Windermere. Sí. Si hubiera sido una niña, la habría llamado como mi madre. Mi madre tenía el mismo nombre que yo, Margaret.

Mrs. Erlynne. Yo también me llamo Margaret.

Lady Windermere. ¡En serio!

Mrs. Erlynne. Sí. [*Pausa*]. Es usted devota de la memoria de su madre, Lady Windermere, me dice su marido.

Lady Windermere. Todos tenemos ideales en la vida. Al menos todos de-

Mine is my mother.

Mrs. Erlynne. Ideals are dangerous things. Realities are better. They wound, but they're better.

Lady Windermere. [*Shaking her head.*] If I lost my ideals, I should lose everything.

Mrs. Erlynne. Everything?

Lady Windermere. Yes. [*Pause.*]

Mrs. Erlynne. Did your father often speak to you of your mother?

Lady Windermere. No, it gave him too much pain. He told me how my mother had died a few months after I was born. His eyes filled with tears as he spoke. Then he begged me never to mention her name to him again. It made him suffer even to hear it. My father—my father really died of a broken heart. His was the most ruined life I know.

Mrs. Erlynne. [*Rising.*] I am afraid I must go now, Lady Windermere.

Lady Windermere. [*Rising.*] Oh no, don't.

Mrs. Erlynne. I think I had better. My carriage must have come back by this time. I sent it to Lady Jedburgh's with a note.

Lady Windermere. Arthur, would you mind seeing if Mrs. Erlynne's carriage has come back?

Mrs. Erlynne. Pray don't trouble, Lord Windermere.

Lady Windermere. Yes, Arthur, do go, please.

[**Lord Windermere** *hesitated for a moment and looks at* **Mrs. Erlynne**. *She remains quite impassive. He leaves the room.*]

[*To* **Mrs. Erlynne**.] Oh! What am I to say to you? You saved me last

beríamos tenerlos. El mío es mi madre.

Mrs. Erlynne. Los ideales son cosas peligrosas. Las realidades son mejores. Hieren, pero son mejores.

Lady Windermere. [*Sacudiendo la cabeza*]. Si perdiera mis ideales, lo perdería todo.

Mrs. Erlynne. ¿Todo?

Lady Windermere. Sí. [*Pausa*].

Mrs. Erlynne. ¿Su padre le hablaba a menudo de su madre?

Lady Windermere. No, le causaba demasiado dolor. Me contó cómo mi madre había muerto pocos meses después de que yo naciera. Sus ojos se llenaron de lágrimas mientras hablaba. Luego me suplicó que no volviera a mencionarle su nombre. Le hacía sufrir incluso oírlo. Mi padre... mi padre murió realmente de un corazón roto. La suya fue la vida más arruinada que se conoce.

Mrs. Erlynne. [*Poniéndose de pie*]. Me temo que debo irme ahora, Lady Windermere.

Lady Windermere. [*Poniéndose de pie*]. Oh, no, no lo haga.

Mrs. Erlynne. Creo que será lo mejor. Mi carruaje ya debe haber regresado. Lo envié a casa de Lady Jedburgh con una nota.

Lady Windermere. Arthur, ¿te importaría ver si ha vuelto el carruaje de Mrs. Erlynne?

Mrs. Erlynne. Le ruego que no se moleste, Lord Windermere.

Lady Windermere. Sí, Arthur, ve, por favor.

[Lord Windermere *duda un momento y mira a* Mrs. Erlynne. *Ella permanece impasible. Él sale de la habitación*].

[*A* Mrs. Erlynne]. ¡Oh! ¿Qué puedo decirle? ¿Que me salvó anoche? [*Va*

night? [*Goes towards her.*]

MRS. ERLYNNE. Hush—don't speak of it.

LADY WINDERMERE. I must speak of it. I can't let you think that I am going to accept this sacrifice. I am not. It is too great. I am going to tell my husband everything. It is my duty.

MRS. ERLYNNE. It is not your duty—at least you have duties to others besides him. You say you owe me something?

LADY WINDERMERE. I owe you everything.

MRS. ERLYNNE. Then pay your debt by silence. That is the only way in which it can be paid. Don't spoil the one good thing I have done in my life by telling it to any one. Promise me that what passed last night will remain a secret between us. You must not bring misery into your husband's life. Why spoil his love? You must not spoil it. Love is easily killed. Oh! how easily love is killed. Pledge me your word, Lady Windermere, that you will never tell him. I insist upon it.

LADY WINDERMERE. [*With bowed head.*] It is your will, not mine.

MRS. ERLYNNE. Yes, it is my will. And never forget your child—I like to think of you as a mother. I like you to think of yourself as one.

LADY WINDERMERE. [*Looking up.*] I always will now. Only once in my life I have forgotten my own mother—that was last night. Oh, if I had remembered her I should not have been so foolish, so wicked.

MRS. ERLYNNE. [*With a slight shudder.*] Hush, last night is quite over.

[*Enter* LORD WINDERMERE.]

LORD WINDERMERE. Your carriage has not come back yet, Mrs. Erlynne.

MRS. ERLYNNE. It makes no matter. I'll take a hansom. There is nothing

hacia ella].

Mrs. Erlynne. Silencio... no hable de ello.

Lady Windermere. Debo hablar de ello. No puedo dejar que piense que voy a aceptar este sacrificio. No lo haré. Es demasiado grande. Voy a contárselo todo a mi marido. Es mi deber.

Mrs. Erlynne. No es su deber... o al menos tiene deberes con otros además de con él. ¿Dice usted que me debe algo?

Lady Windermere. Se lo debo todo.

Mrs. Erlynne. Entonces pague su deuda con el silencio. Esa es la única manera en que puede ser pagada. No estropee lo único bueno que he hecho en mi vida contándoselo a alguien. Prométame que lo que pasó anoche seguirá siendo un secreto entre nosotras. No debe traer miseria a la vida de su marido. ¿Por qué estropear su amor? No debe estropearlo. El amor se mata fácilmente. ¡Oh! Con qué facilidad se mata el amor. Deme su palabra, Lady Windermere, de que nunca se lo dirá. Insisto en ello.

Lady Windermere. [*Con la cabeza inclinada*]. Es su voluntad, no la mía.

Mrs. Erlynne. Sí, es mi voluntad. Y nunca olvide a su hijo... Me gusta pensar en usted como una madre. Me gusta que usted piense eso de usted misma.

Lady Windermere. [*Levantando la vista*]. Siempre lo haré, desde ahora. Sólo una vez en mi vida he olvidado a mi propia madre... fue anoche. Oh, si la hubiera recordado no habría sido tan tonta, tan malvada.

Mrs. Erlynne. [*Con un ligero estremecimiento*]. Silencio... lo de anoche ya pasó.

[*Entra* Lord Windermere].

Lord Windermere. Su carruaje aún no ha regresado, Mrs. Erlynne.

Mrs. Erlynne. No importa. Cogeré un taxi. No hay nada en el mundo tan

in the world so respectable as a good Shrewsbury and Talbot. And now, dear Lady Windermere, I am afraid it is really good-bye. [*Moves up C.*] Oh, I remember. You'll think me absurd, but do you know I've taken a great fancy to this fan that I was silly enough to run away with last night from your ball. Now, I wonder would you give it to me? Lord Windermere says you may. I know it is his present.

Lady Windermere. Oh, certainly, if it will give you any pleasure. But it has my name on it. It has 'Margaret' on it.

Mrs. Erlynne. But we have the same Christian name.

Lady Windermere. Oh, I forgot. Of course, do have it. What a wonderful chance our names being the same!

Mrs. Erlynne. Quite wonderful. Thanks—it will always remind me of you. [*Shakes hands with her.*]

[*Enter* **Parker.**]

Parker. Lord Augustus Lorton. Mrs. Erlynne's carriage has come.

[*Enter* **Lord Augustus.**]

Lord Augustus. Good morning, dear boy. Good morning, Lady Windermere. [*Sees* **Mrs. Erlynne.**] Mrs. Erlynne!

Mrs. Erlynne. How do you do, Lord Augustus? Are you quite well this morning?

Lord Augustus. [*Coldly.*] Quite well, thank you, Mrs. Erlynne.

Mrs. Erlynne. You don't look at all well, Lord Augustus. You stop up too late—it is so bad for you. You really should take more care of yourself. Good-bye, Lord Windermere. [*Goes towards door with a bow to* **Lord Augustus.** *Suddenly smiles and looks back at him.*] Lord Augustus! Won't you see me to my carriage? You might carry the fan.

Lord Windermere. Allow me!

respetable como un buen taxi de Shrewsbury and Talbot. Y ahora, querida Lady Windermere, me temo que debo realmente decir adiós. [*Se mueve hacia el centro*]. Oh, ahora que lo recuerdo. Pensará que es un absurdo, pero sabe que me he encaprichado mucho con este abanico con el que fui tan tonta como para escaparme anoche de su baile de gala. Me pregunto si me lo daría. Lord Windermere dice que tal vez lo haga. Sé que es su regalo.

Lady Windermere. Oh, ciertamente, si le da placer. Pero lleva mi nombre. Tiene grabado «Margaret» en él.

Mrs. Erlynne. Pero tenemos el mismo nombre de pila.

Lady Windermere. Ah, lo olvidaba. Por supuesto, téngalo. ¡Qué maravillosa casualidad que nuestros nombres sean iguales!

Mrs. Erlynne. Maravillosa casualidad. Gracias... siempre será un recuerdo suyo. [*Le da la mano*].

[*Entra* **Parker**].

Parker. Lord Augustus Lorton. El carruaje de Mrs. Erlynne ha llegado.

[*Entra* **Lord Augustus**].

Lord Augustus. Buenos días, querido muchacho. Buenos días, Lady Windermere. [*Ve a* **Mrs. Erlynne**]. ¡Mrs. Erlynne!

Mrs. Erlynne. ¿Cómo está usted, Lord Augustus? ¿Se encuentra bien esta mañana?

Lord Augustus. [*Fríamente*]. Bastante bien, gracias, Mrs. Erlynne.

Mrs. Erlynne. No tiene buen aspecto, Lord Augustus. Se acuesta demasiado tarde... es muy malo para usted. Debería cuidarse más. Adiós, Lord Windermere. [*Se dirige hacia la puerta haciendo una reverencia a* **Lord Augustus**. *De repente sonríe y le devuelve la mirada*]. ¡Lord Augustus! ¿No me acompañaría a mi carruaje? Podría llevar el abanico.

Lord Windermere. ¡Permítame!

MRS. ERLYNNE. No; I want Lord Augustus. I have a special message for the dear Duchess. Won't you carry the fan, Lord Augustus?

LORD AUGUSTUS. If you really desire it, Mrs. Erlynne.

MRS. ERLYNNE. [*Laughing.*] Of course I do. You'll carry it so gracefully. You would carry off anything gracefully, dear Lord Augustus.

[*When she reaches the door she looks back for a moment at* LADY WINDERMERE. *Their eyes meet. Then she turns, and exit C. followed by* LORD AUGUSTUS.]

LADY WINDERMERE. You will never speak against Mrs. Erlynne again, Arthur, will you?

LORD WINDERMERE. [*Gravely.*] She is better than one thought her.

LADY WINDERMERE. She is better than I am.

LORD WINDERMERE. [*Smiling as he strokes her hair.*] Child, you and she belong to different worlds. Into your world evil has never entered.

LADY WINDERMERE. Don't say that, Arthur. There is the same world for all of us, and good and evil, sin and innocence, go through it hand in hand. To shut one's eyes to half of life that one may live securely is as though one blinded oneself that one might walk with more safety in a land of pit and precipice.

LORD WINDERMERE. [*Moves down with her.*] Darling, why do you say that?

LADY WINDERMERE. [*Sits on sofa.*] Because I, who had shut my eyes to life, came to the brink. And one who had separated us—

LORD WINDERMERE. We were never separated.

LADY WINDERMERE. We never must be again. O Arthur, don't love me less, and I will trust you more. I will trust you absolutely. Let us go to Selby. In the Rose Garden at Selby the roses are white and red.

[*Enter* LORD AUGUSTUS *C.*]

Mrs. Erlynne. No; quiero a Lord Augustus. Tengo un mensaje especial para la querida Duquesa. ¿No llevaría el abanico, Lord Augustus?

Lord Augustus. Si realmente lo desea, Mrs. Erlynne.

Mrs. Erlynne. [*Riéndose*]. Por supuesto que sí. Lo llevará con mucha gracia. Usted llevaría cualquier cosa con gracia, querido Lord Augustus.

[*Cuando llega a la puerta mira un momento hacia atrás, hacia* Lady Windermere. *Sus ojos se encuentran. Luego se vuelve y sale por el centro, seguida de* Lord Augustus].

Lady Windermere. No volverás a hablar en contra de Mrs. Erlynne, Arthur, ¿verdad?

Lord Windermere. [*Seriamente*]. Ella es mejor de lo que uno podría pensar.

Lady Windermere. Ella es mejor que yo.

Lord Windermere. [*Sonríe mientras le acaricia el pelo*]. Niña, tú y ella pertenecen a mundos diferentes. En tu mundo nunca ha entrado el mal.

Lady Windermere. No digas eso, Arthur. Existe el mismo mundo para todos nosotros, y el bien y el mal, el pecado y la inocencia, van por él de la mano. Cerrar los ojos a la mitad de la vida para poder vivir con seguridad es como si una se cegara para poder caminar con más seguridad por una tierra de fosos y precipicios.

Lord Windermere. [*Se mueve con ella*]. Querida, ¿por qué dices eso?

Lady Windermere. [*Se sienta en el sofá*]. Porque yo, que había cerrado los ojos a la vida, llegué al borde. Y quien nos había separado...

Lord Windermere. Nunca nos separamos.

Lady Windermere. No debemos volver a hacerlo. Oh, Arthur, no me ames menos, y confiaré más en ti. Confiaré en ti absolutamente. Vayamos a Selby. En el jardín de rosas de Selby las rosas son blancas y rojas.

[*Entra* Lord Augustus *por el centro*].

Lord Augustus. Arthur, she has explained everything!

[**Lady Windermere** *looks horribly frightened at this.* **Lord Windermere** *starts.* **Lord Augustus** *takes* **Windermere** *by the arm and brings him to front of stage. He talks rapidly and in a low voice.* **Lady Windermere** *stands watching them in terror.*] My dear fellow, she has explained every demmed thing. We all wronged her immensely. It was entirely for my sake she went to Darlington's rooms. Called first at the Club—fact is, wanted to put me out of suspense—and being told I had gone on—followed—naturally frightened when she heard a lot of us coming in—retired to another room—I assure you, most gratifying to me, the whole thing. We all behaved brutally to her. She is just the woman for me. Suits me down to the ground. All the conditions she makes are that we live entirely out of England. A very good thing too. Demmed clubs, demmed climate, demmed cooks, demmed everything. Sick of it all!

Lady Windermere. [*Frightened.*] Has Mrs. Erlynne—?

Lord Augustus. [*Advancing towards her with a low bow.*] Yes, Lady Windermere— Mrs. Erlynne has done me the honour of accepting my hand.

Lord Windermere. Well, you are certainly marrying a very clever woman!

Lady Windermere. [*Taking her husband's hand.*] Ah, you're marrying a very good woman!

Curtain

Lord Augustus. ¡Arthur, ella lo ha explicado todo!

[**Lady Windermere** *parece horriblemente asustada ante esto*. **Lord Windermere** *se sobresalta*. **Lord Augustus** *coge a* **Windermere** *del brazo y lo lleva al frente del escenario. Habla rápidamente y en voz baja*. **Lady Windermere** *se queda mirándoles aterrorizada*]. Mi querido amigo, ella ha explicado cada maldita cosa. Todos la hemos juzgado muy mal. Fue enteramente por mi bien que ella fue a las habitaciones de Darlington. Me visitó primero en el Club —de hecho, quería responder a mis preguntas— y cuando le dijeron que me había ido, me siguió… naturalmente asustada cuando oyó que muchos de nosotros entrábamos en las habitaciones… y se retiró a otra habitación… le aseguro que fue de lo más gratificante para mí, todo el asunto. Todos nos comportamos brutalmente con ella. Es justo la mujer para mí. Me sienta de maravilla. La única condición que ella pone es que vivamos absolutamente fuera de Inglaterra. Lo cual es algo muy bueno también. Malditos clubes, maldito clima, malditos cocineros, maldito todo. Estoy harto de todo.

Lady Windermere. [*Asustada*]. ¿Mrs. Erlynne ha…?

Lord Augustus. [*Avanzando hacia ella con una leve reverencia*]. Sí, Lady Windermere… Mrs. Erlynne me ha hecho el honor de aceptar mi mano.

Lord Windermere. ¡Vaya, sin duda se casa con una mujer muy inteligente!

Lady Windermere. [*Cogiendo la mano de su marido*]. ¡Ah, se casa con una mujer muy buena!

Telón

CLÁSICOS EN ESPAÑOL

Esperamos que haya disfrutado esta lectura. ¿Quiere leer otra obra de nuestra colección de *Clásicos en español*?

En nuestro Club del Libro encontrarás artículos relacionados con los libros que publicamos y la literatura en general. ¡Suscríbete en nuestra página web y te ofrecemos un ebook gratis por mes!

Recibe tu copia totalmente gratuita de nuestro *Club del libro* en rosettaedu.com/pages/club-del-libro

CLÁSICOS EN ESPAÑOL

Una habitación propia se estableció desde su publicación como uno de los libros fundamentales del feminismo. Basado en dos conferencias pronunciadas por Virginia Woolf en colleges para mujeres y ampliado luego por la autora, el texto es un testamento visionario, donde tópicos característicos del feminismo por casi un siglo son expuestos con claridad tal vez por primera vez.

Oscar Wilde escribe una sola novela, *El retrato de Dorian Gray*; ésta fue el objeto de una crítica moralizante mordaz por parte de sus contemporáneos que no pudieron ver que dentro de una trama perfectamente compuesta se escondía toda la tragedia del romanticismo. Cien años después no ha perdido su impacto original y sigue siendo un texto fundamental para los debates sobre la estética y la moral.

Otra vuelta de tuerca es una de las novelas de terror más difundidas en la literatura universal y cuenta una historia absorbente, siguiendo a una institutriz a cargo de dos niños en una gran mansión en la campiña inglesa que parece estar embrujada. Los detalles de la descripción y la narración en primera persona van conformando un mundo que puede inspirar genuino terror.

rosettaedu.com

EDICIONES BILINGÜES

En una atmósfera constante de misterio y amenaza, *El corazón de las tinieblas* narra el peligroso viaje de Marlow por un río (sin duda el Congo aunque no es nombrado en el relato) africano. Lo que el marino puede observar en su viaje le horroriza, le deja perplejo, y pone en tela de juicio las bases mismas de la civilización y la naturaleza humana.

Durante décadas, y acercándose a su centenario, *El gran Gatsby* ha sido considerada una obra maestra de la literatura y candidata al título de «Gran novela americana» por su dominio al mostrar la pura identidad americana junto a un estilo distinto y maduro. La edición bilingüe permite apreciar los detalles del texto original y constituye un paso obligado para aprender el inglés en profundidad.

En *La señora Dalloway* Virginia Woolf relata un día en la vida de Clarissa Dalloway, una señora de la clase alta casada con un miembro del parlamento inglés, y de un ex-combatiente que lucha contra su enfermedad mental. La innovación de la novela es la corriente de consciencia: Woolf sigue el pensamiento de cada personaje, siendo excelente a la hora de narrar emociones, asociaciones y sentimientos.

rosettaedu.com